"우리는 교회들이 공예배 시간에 아이들을 예배당 안에 있게 하는 것을 더 이상 당연시할 수 없는 시대에 살고 있다. 개혁교회도 그렇고 복음주의 교회도 그렇다. 대니얼 하이드 목사는 바로 이 이슈를 다루는 사려 깊고 목회적인 책을 저술하였다. 우리의 언약 자녀들이 삼위일체 하나님을 예배하면서 예배당 안에 머물러 있어야 한다고 이미 확신하고 있는 사람들에게, 이 책은 우리가 우리 자녀들과 하나님의 말씀에 신실하려면 왜 그러한 실천사항이 중요하고 계속되어야 하는지에 관한 생각의 재료들을 제공할 것이다."
_마크 존스, 훼이스장로교회 목사

"아이들이 교회로부터 멀어지는 데에는 여러 가지 이유가 있겠지만, 부모들이 자녀들에게 교회가 중요하다는 걸 가르치지 않는 것이 아마 가장 중요한 이유일 것이다. 그럼에도 이에 대한 논의는 거의 찾아볼 수 없다. 교회가 중요하다는 것을 가르치는 기본적인 방법은 자녀를 반드시 공예배에 참석시켜 거기서 무슨 일이 일어나는지 이해하게 하는 것이다. 대니얼 하이드 목사의 책은 어린아이들이 그리스도께 나아오게 하는 방법을 고민하는 부모들과 목사들에게 큰 도움이 될 것이다."
_칼 R. 트루먼, 코너스톤장로교회 목사

"아이들을 향한 대니얼 하이드 목사의 사랑과 그들의 영적 안녕에 대한 깊은 관심이 이 책의 모든 페이지에서 빛나고 있다.

그는 공예배가 아이들의 참여로 풍성하게 되는 것과 아이들의 영혼이 공예배 참석으로 풍성하게 되는 것을 보기 원하는 열정을 갖고 있다. 그리고 그러한 열정 안에 풍성한 성경적 가르침과 유용한 실천적 조언을 결합시킨다."

_데이비드 머레이, 퓨리탄리폼드신학교 구약 및 목회 신학 교수

"이 얇은 책에서, 하이드 목사는 그리스도인 부모들과 교회들을 향해 그들의 자녀들을 '성령의 유아학교'에 둘 것을 부드럽게 촉구한다. 이 유익한 책은 또한 부모가 신도석에서 자녀를 양육하기 위한 실천적인 방법들을 제시한다. 나는 이 책에 매우 감사하며 우리 교회의 부모들과 사역 리더들의 손에 들려줄 계획이다."

_토드 프루잇, 카비넌트장로교회 목사

"이것은 시의적절한 책이다. 통계에 의하면 젊은 청년들이 교회를 떠나고 있다. 대니얼 하이드 목사는 우리들이 아마도 어린이들을 교회에서 제대로 환영하고 있지 않다고 주장한다. 그는 부모들에게 자녀들과 교회의 관계에 대하여 생각해보라고 독려하며, 아이들을 공예배에서 분리하는 흔한 실천사항에 대해 의문을 제기한다. 이 실천적인 책은 '아동 친화적'이라는 것이 견고한 성경적 훈계와 관련하여 참으로 무엇을 의미하는지 평가해보라고 도전한다."

_에이미 버드, 「_Housewife Theologian_」의 저자

아이들이 공예배에
참석해야 하는가

아이들이 공예배에 참석해야 하는가

지은이   대니얼 R 하이드
옮긴이   유정희
펴낸이   김종진
초판 발행 2019. 7. 18.
3쇄 발행 2024. 7. 10.
등록번호 제2018-000357호
등록된 곳 서울시 서초구 서초중앙로 24길 55, 401-2호
발행처   개혁된실천사
전화번호 02)6052-9696
이메일   mail@dailylearning.co.kr
웹사이트 www.dailylearning.co.kr

책값은 뒤표지에 있습니다.
ISBN 979-11-966781-4-2 03230

개혁된
실천
시리즈

아이들이 공예배에
참석해야 하는가

아이들의 예배 참석의 개혁된 실천

대니얼 R. 하이드 지음

유정희 옮김

개혁된실천사

"…신자들에게는 공예배보다 더 큰 도움이 되는 것이 없다. 공예배를 통해 하나님은 자신의 백성을 한 걸음씩 끌어올리신다."[1]

1. Calvin, *Institutes*, 4.1.5.

목차

어린이들은 예배 공동체에 없어서는 안 될 한 부분이다. 그들이 세례를 받을 때 그들은 그리스도인 공동체의 일원이 된다. 그들은 단지 참아주어야 할 이류 교회 멤버가 아니라, 기꺼이 환영해야 할 하나님의 소중한 선물이다. 그들은 다른 모든 연령대의 사람들과 마찬가지로 "우리 주 곧 구주 예수 그리스도의 은혜와 그를 아는 지식에서 자라 가도록"(벧후 3:18) 부름받은 자로서 교회 공동체에 들어온다. 또한 그들은 배우는 학생으로 공동체에 들어올 뿐만 아니라, 어린아이 같이 신뢰하는 순전한 은혜의 모습을 거듭해서 보여주는 교사이자 본보기로서 교회 공동체에 들어온다.

지난 몇십 년 동안 북아메리카의 여러 교회들은 예배와 교회 생활에서 연령별로 세대를 분리하는 방식을 추구해 왔다. 각 연령층의 역량과 기질을 파악하여 그들의 특별한 필요에 맞는 행사들을 기획하고자 한 것이다. 그런데 이런 관행은 종종 자기도 모르게 각 세대에 맞게 예배를 재구성해야 한다는 사상을 퍼뜨렸고, 세대 간의 배움과 교제를 더욱 더 달성하기 어렵게 만드는 결과를 가져왔다.

이런 상황에서, 성도들은 각 세대가 서로의 강점으로부터 유익을 얻고 서로의 약점을 보완해줄 수 있는 세대통합 예배의 실천사항을 장려하는 일에 인내와 배려, 사랑의 관심을 쏟는 것이 중요하다.

중요한 사실은, 예배에 어린이들을 참여시킨다고 해서 이것이 예배를 유치하게 만든다는 뜻이 아니라는 것이다. 반대로, 모든 연령의 멤버가 원만한 이해와, 거룩한 사랑과, 하나님의 말씀을 신실하게 받는 것과, 신실한 기도와, 성례전에의 성실한 참여에 있어 성장하라는 권면은, 단지 감상적이고, 유치하고, 지나치게 단순화된 모든 것을 지양하는 것과 통상 관련된다.

대니 하이드(Danny Hyde)의 책에서 다루는 어젠다는 바로 세대통합적 공동체 안에서 예수 그리스도에 대한 온전한 제자도를 실현하라는 것이다. 이 모든 것은, 우리가 하나님의 아들과 딸로서 온전히 성숙하도록 성령께서 우리를 어떻게 빚어 가시는가에 대한 은혜로운 깨달음으로 행해진다. 성령께서 그 목적을 위해 가족들과 성도들을 구비시키시는 데 이 책을 사용하여 주시기를 바란다.

존 위트블리트(John D. Witvliet)
미시간 주 그랜드래피즈
칼빈대학교 및 칼빈신학교
칼빈 기독교 예배 연구소

감사의 글

무엇보다 먼저, 에스콘디도 크리스천 연합개혁교회의 경건한 성도들에게 감사드리고 싶다. 그들은 이 책에 나오는 원리들을 그들의 본보기를 통해 겸손히 내게 가르쳐주었다. 1997년부터 2000년까지, 내가 아직 리폼드신학교의 학생일 때 매주 예배에 참석하는 조부모, 부모, 자녀, 손주들의 세대통합 집회를 목격한 것은 너무나 큰 축복이었다. 나는 오션사이드 연합개혁교회(Oceanside United Reformed Church)의 형제, 자매들에게, 매주일 어린아이들과 함께하는 것에 대해 격려를 해준다. 종종 시끄럽고, 그래서 내가 더 큰 소리로 설교해야 하지만, 많은 이들이 자녀들과 함께 공예배를 드리기 위해 희생하는 것들이 결코 헛되지 않을 것이다. 성령님께서 다음 세대들을 위한 본보기로 여러분을 사용하실 것이다!

이 책을 좀 더 읽기 쉽고 이해하기 쉬운 책으로 만들 수 있게 도움을 준 이들에게 감사를 전한다. 브리티시컬럼비아 주 밴쿠버에 소재한 훼이스장로교회(Faith Presbyterian Church)의 목사인 마크 존스 박사는 이 책을 쓰는 데 엄청난 힘이 되어주었다. 그는 편집과 관련된 조언들을 해주었을 뿐만 아니라, 이 주제에 대해 전화로 대화를 나누면서 교회를 섬기는 도구로서 이 책을 쓰도록 계속해서 내게 동기를 부여해주었다. 안나 필립스와 케이틀린 로이드도 편집에 관련하여 큰 도움을 주었다. 이 책을 쓰면서 팀 챌리스와 나는 여러 번 대화를 나누었는데, 그것은 그리스도인 부모들의 더 넓은 공동체에서 사용할 수 있는 책으로 만들기 위해 몇 가지 유익한 차별성을 갖도록 도움을 주었다. 존과 데비 라우는 출판 전에 마지막으로 이 책을 읽고 편집해주었다.

끝으로, 나의 사랑하는 아내, 카라진에게 무엇보다 감사한다. 나의 감사하는 마음은 말로 다 표현할 수 없다. 당신은 이 책에 나오는 모든 내용의 본이 되었고, 여러 해에 걸쳐 매주마다 먼저는 에너지 넘치는 남자아이와 함께, 그 다음엔 둘째, 셋째, 그리고 지금은 어린 딸까지 데리고 예배드리고 있다! 당신은 잠언 31장에 나오는 뛰어난 여성이다.

> 그의 자식들은 일어나 감사하며
> 그의 남편은 칭찬하기를
> 덕행 있는 여자가 많으나
> 그대는 모든 여자보다 뛰어나다 하느니라(잠 31:28-29).

당신은 예배당에 들어갈 때 그들을 주목한다. 그리고 한 가족의 옆에 앉는다. 뒤이은 예배 시간 내내 당신은 그들을 본다. 특히 그들의 소리를 **듣는다**. 그들은 예배에 참석할 뿐만 아니라 어김없이 "즐거운 소음"(시 100:1, 흠정역 영어 성경 참조 —편집주)으로 그곳을 가득 채운다. 나는 **소음**을 강조하였다. 성경은 그것이 좋은 것이라고 말한다. "어린 아이들과 젖먹이들의 입으로 권능을 세우심이여"(시 8:2). 이는 찬송 중에 하나님으로부터 오는 권능을 뜻한다(마 21:16).[1]

내가 섬기는 교회를 방문한 사람들이 깜짝 놀라는 것 중 하나는 우리 주변의 많은 교회들과 달리 우리 예배가 어린이들로 가득하다는 점이다.[2] 아이들이 공예배에 참석하는 것이 놀랍게 보일 뿐만 아니라 이상하게 보이기도 할 것이다. 방문자들이 어느 교회에서 왔든, 예배에서 어린아이들을 본 적이 없을 테니 말이다. 몇 년 전 같으면 아마 나도 그것을 충격적이고 이상하게 보았을 것이다. 실제로 예배 시간에 기도하고, 찬송하고, 목사님의 설교를 듣는 동안 당신의 자녀들이 당신 옆에 앉아 있거나 서 있다고 생각하면 정말 두렵게 느껴질 것이다.

바로 이것이 내가 이 책을 쓰는 이유이다. 나는 예배에 어린아이들을 참석시키는 것의 그 이상함과 두려움을 없애주고자 한다. 이런 감정들 대신 이 실천사항의 유익과 축복을 분명히 입증하고 싶다. 공예배는 성령의 유아학교이기

---

1. 70인역으로 알려진 구약성경의 헬라어 번역본은 이것을 "어린 아기와 젖먹이들의 입에서 나오는 찬미를 온전하게 하심이여"라고 번역한다. 마태복음 21장 16절에서 예수님은 이 번역을 따른다.

2. 개혁교회가 무엇인지에 대한 개론을 보려면, Hyde의 *Welcome to a Reformed Church* (개혁교회에 오신 것을 환영합니다, 부흥과개혁사 역간)를 참고하라. 개혁된 예배에 대한 구체적인 개론을 보려면 Hyde의 *What to Expect in Reformed Worship* (개혁교회 공예배, 개혁된실천사 역간)을 참고하라.

때문이다.

이 책을 쓰면서 나는 두 종류의 독자층을 가정하고 있다. 첫째, 나는 어린아이들이 다른 성도들과 함께 예배드리는 것을 격려하고 환영하는 교회에 다니는 이들을 위해 이 글을 쓰고 있다. 나는 그것이 힘들고 종종 짜증스러운 일이라는 걸 안다. 그래서 그 길을 계속 가도록 몇 가지 권면을 해 주고자 한다. 둘째, 나는 어린아이들이 회중 예배의 전체 또는 일부에 참여하지 않고, 그 대신에 각자의 연령에 맞는 수업이나 사역 또는 예배에 참석하는 주일학교 내지 어린이 교회 사역 모델만 아는 이들을 위해 이 글을 쓰고 있다. 어쩌면 당신은 그런 교회의 성도이거나 예배위원회 위원이거나 혹은 목사일지도 모른다. 어쩌면 최근에 개혁교회에서 예배를 드리기 시작했을 수도 있다. 나는 당신에게 매주 예배에 어린아이들을 참석시키는 것의 유익에 대해 생각해 보길 권한다.

이 책을 쓰면서 나는 두 가지 목적을 염두에 두고 있다. 첫째, 어린아이들을 예배에 참석시키는 것이 성경에서 보는 예들과 일치하는 실천사항이며, 우리의 어린 자녀들을 성령의 유아학교인 공예배 안에 두는 것이기 때문에 매우 유익한 실천사항이라는 것을 입증하기 원한다. 공예배를 성령의 유아학교라고 하는 것은 아주 오래된, 고대로부터 유래된 이미지다. 오래 전 카르타고의 교회 감독 키프리아누스(200-258)는 "당신이 교회를 어머니로 삼지 않으면 하나님을 아버지로 삼을 수 없다"[3]고 말했다. 종교개혁 목사들과 존 칼빈(1509-1564) 같은 16세기 신학자들은 어린아이들과 함께 있는 어머니로서의 교회 이미지를 흔쾌히 받아들였다. 칼빈은 기독교강요에서 이렇게 기록한다. "하나님은 교회의 품안으로 자신의 아들들을 모으기 원하시는데, 그들은 젖먹이와 어린아이일 때 교회의 도움과 사역으로 양육될 뿐만 아니라 성숙하여 결국 신앙의 목표에 이를 때까지 어머니 같은 교회의 보살핌을 받을 것이다."[4]

교회가 그리스도인의 어머니라면, 공예배는 교회의 보육 기관이다. 나의 두 번째 목적은 어떻게 어린아이들을 데리

---

3. Cyprian, "Unity of the Catholic Church," 127–8.
4. Calvin, *Institutes*, 4.1.1.

고 예배를 드릴 수 있는지에 대해 실천적인 조언을 해주어, 아이들이 당신 옆에서 예배를 드리며 그 시간을 최대한 유익하게 보내도록 돕는 것이다.

또한 이 모든 것을 통해 내가 의도하는 것과 그렇지 않은 것을 분명히 하기 위해 두 가지 사항을 확실히 하고 넘어가려고 한다. 첫째, 나는 어린아이들을 예배에 참석시키는 것은 **교회의 안녕**(*bene esse*)에 관한 실천사항이지 **교회의 본질**(*esse*)에 관한 실천사항은 아니라고 생각한다. 나는 그것이 가장 좋은 실천사항이라고 믿지만, 그것이 유일한 실천사항이어야 한다고 말할 순 없다. 다시 말해서, 개혁교회, 장로교회, 회중교회, 침례교회들 가운데서, 참된 교회는 세 가지 분명한 특징을 나타낸다. 그것은 복음의 순수한 전파, 성례전의 순수한 집행, 그리고 권징을 행하는 것이다(벨직 신앙고백 제29조). 이것을 제대로 이해함은 우리가 어린아이들을 예배에 참석시키는 관행에 지나친 열정을 보이면서 이를 교회의 네 번째 특징으로 추가하는 오류를 방지하는 데 있어 매우 중요하다. 둘째, 나는 **지역 교회가 기독교 영성의 중심**이라는 굳은 확신을 가지고 이 글을 쓰고 있다. 이것은 교인들이 목사와 장로들에게 복종해야 하며(히 13:17) 목사들은 사랑과 인내로 자기 양떼를 보살펴야 한다는 뜻이다(벧전 5:1-5). 너무나 자주 사람들은 이 책의 주제 같은 부수적인 문제들에 지나치게 집착함으로써 목사들과 대립할 수 있다. 당신이 어린아이들을 예배에 참석시키지 않는 교회에 다니고 있는데, 참석시키는 것이 좋다고 생각한다면, 목사와 장로들과 함께 협력할 것을 권한다. 그들과 대화를 나누고, 당신 교회의 교회 생활과 교회 정치의 보통의 수단들을 통해서 주님이 일하시게 하라. 당신의 교회를 분열시키지 말라. 주 안에서 당신을 다스리는 자들에게 사랑과 인내와 겸손과 존중의 거룩한 태도를 나타내라. 그들이 양들을 보살피는 목자로서 당신에게 그러한 태도를 나타내야 하는 것과 마찬가지다.

우리 모두를 위한 나의 기도는 우리가 "어떻게 하면 우리 자녀들을 잘 양육하여 믿음과 구원에 이르게 할 것인가"라는 문제를 놓고 씨름하는 것이다. 우리는 다음의 찬송시에 표현되어 있는 것과 같은, 자녀들을 위한 우리 조상들의 열정을 본받아 이 의무를 함께 수행할 수 있다.

그 옛날 하나님이 행하신

능하신 일들을 아이들이 듣게 하라

우리는 젊을 때 그것을 보았고

우리 아버지들이 그것을 말해주었다

주님은 우리에게 그분의 영광을 알게 하라 명하셨으니

그 능력과 은혜의 역사를

그분의 경이로움을

떠오르는 모든 세대를 통해 전하리라

우리의 입술로 그것을 우리 아들들에게 전하고

그들은 다시 그 자손들에게 전하리라

아직 태어나지 않은 세대들도

그 후손들에게 그것을 가르쳐야 하리라

그렇게 그들은 배울 것이니, 오직 하나님 안에서

그들의 소망이 굳게 서리라

그들이 하나님의 역사를 잊지 않고

그분의 계명을 영예롭게 하리라.[5]

---

5. CRC, *Psalter Hymnal* (1976), #150; OPC, *Trinity Hymnal*, #364.

1장
어린이 교회, 바람직한가

우리가 알든 모르든, 미국 복음주의[1] 교회들은 주일학교 운동(약 1880년)과 발달심리학의 출현 이후에도 잘 존속되고 있다. 그 자체엔 잘못이 없지만, 이런 사상들은 교회와 그리스도인이 어린이들을 대하는 방식에 영향을 미쳐 왔다. R. C. 스프로울의 말처럼, 사상은 결과를 낳는다.[2] 로버트 레이크스(Robert Raikes, 1735-1811)는 영국 글로스터에서 주일학교 운

---

1. 나는 언어의 유동성과 우리 시대에 "복음주의"라는 용어의 의미와 관련된 문제들을 인지하고 있다. 나는 16세기 종교개혁 때 복음을 믿었던 사람들을 뜻하는 역사적 의미로 이 단어를 사용하고 있다.

2. Sproul, *Consequences of Ideas*.

동을 시작했는데, 이것은 원래 가난한 아이들에 대한 사회
적 봉사의 수단이었고, 머지않아 불신 가정의 자녀들을 전
도하는 수단이 되었다.[3] 이러한 목적을 위해 어린이들은 교
회의 공예배 밖에서 가르침을 받았다. 교회 **밖의** 어린이들
을 전도하는 이 권장할 만한 모델은 결국 교회 **안의** 어린이
들을 교육하는 모델이 되었다. 그러나 주일학교 교육은 교
회의 몸 밖에서, 발달심리학에 따라 "연령에 맞는" 그룹별
로 모아놓고 행해졌다.

우리의 시대

적절한 분량의 발달심리학과 혼합되어, **주일학교와 어린
이 교회 현상**은 교회 안에서 어린아이들이 가지는 위치
에 대한 그리스도인들의 생각을 예배 용어에서 교육 용어
로 바꾸어놓았다.[4] 유명한 구약학자 월터 브루그만(Walter

---

3. Power, *Rise and Progress of Sunday Schools*를 참고하라.

4. Clark, "Children and Worship," 161 – 2.

Brueggemann)은 그 현상을 이와 같이 묘사했다. "교회 교육은 사회과학에 깊이 관심을 가졌고 실제로 그로부터 많은 것을 배웠다…그러나 사회과학에 관심을 쏟는 가운데, 성경적, 신학적 훈련들은 경시되었다고 생각한다."[5] 그 결과는 "어린이 교회" 같은 것들을 제공하는 교회들 안에서 볼 수 있다. "어린이 교회"는 아주 어린 아이들에 관해서는 종종 "Wee Worship(아주 작은 예배)"이나 "Little Lambs(어린 양들)" 또는 "K.I.T."(Kids in Training) 같은 귀여운 말들로 묘사한다. 또한 중고등학생들을 위한 청소년 사역을 위해서는 그것이 얼마나 최첨단에 있는지를 나타내기 위해 유행하는 용어들을 사용하기도 한다. 한 예로, 온라인 검색을 해보니 전형적인 복음주의 교회들인 보스턴 갈보리교회와 볼티모어 갈보리교회가 주일 아침에 어린이들이 모이는 장소를 어떻게 설명하는지 알 수 있었다.

---

5. Brueggemann, *Creative Word*, 2.

주일학교(오전 예배 동안)

주일학교 프로그램은 어린이들의 삶 속에 강한 기반을 세우고 아이들이 마음으로부터 하나님께 예배를 드리게 하기 위해 하나님의 말씀을 사용하는 데 초점을 두고 있습니다. 주일학교는 예배 시간과 함께 시작되며, 거기서 아이들은 목소리와 춤으로 하나님을 찬양하도록 격려를 받습니다. 그리고 4-12세의 아이들은 몇 개의 반으로 나뉘어서 말씀을 배웁니다.[6]

여러분이 예배를 드리는 동안 우리는 연령에 상관없이 여러분의 자녀들을 위해 재미있는 활동들과 성경공부와 어린이 예배를 제공합니다. 유아부터 중학생까지, 여러분의 자녀들은 자기 수준에 맞게, 그들이 공감할 수 있고 즐길 수 있는 활동을 하게 될 것입니다![7]

---

6. Calvary Chapel in the City (Boston), http://calvarychapelinthecity. com/#/kids-youth/childrens-church-4-12.

7. Calvary Chapel (Baltimore), http://www.calvarychapelbaltimore.org/ ministries/childrens-ministry.

앞서 언급한 대로, 어떤 레벨의 어린이 교회이든, 어린이 교회를 운영하는 이유는 예배와 예배에서의 어린이들의 위치에 관한 성경의 가르침에 명확하게 입각한 것이 아니라 **교육학적인 것**이다. 즉 어린이들은 말씀을 이해할 수 없으니 그들에게 맞는 수준의 말씀을 들어야 한다는 것이다. 종종 제시되는 또 다른 실용적 이유는 예배 시간에, 특히 설교 시간에 어린이들이 없으면 어른들이 "설교에서 무언가를 얻는" 데 도움이 된다는 것이다. 즉, 어린아이들 때문에 주의가 "산만해지면" 얻지 못할 것들을 얻을 수 있다는 것이다. 이것이 우리가 사는 시대의 정신이다. 앞서 언급한 볼티모어의 갈보리교회를 방문한 어느 방문자가 쓴 온라인 비평을 살펴보자.

우리가 신도석에 앉아 있었는데, 예배를 드리는 동안 안내위원 한 분(적어도 내 생각엔 그런 것 같았다)이 나에게 다가와 딜라일라와 제임스를 "주일학교"에 맡길 것인지 물었다. 내가 아니라고 하자, 그는 정말로 교사들이 아이들을 "수준에 맞게" 가르치려고 애쓰기 때문에 아이들이 꼭 가야 한다고 말했다. 그리고 어린아이들은 사실상 본당에 있으면 안 된다고 했다. 나는 그것이 문제라면 우리가 다시 오지 않겠다고 말했다. 그는 "알겠습니다"라고 말하고 떠났다. 예배 중 사람들과 인사를 나누는 시간에 안내위원이 다시 나에게 다가왔다. 그는 7세 이하의 어린이들은 절대 본당에 들어오면 안 되니 아이들을 유아부에 데려다주어야 한다고 했다. 나는 아이들을 모르는 사람들에게 맡기지 않겠다고 했고, 그러자 그는 나에게 유아부실에 아이들과 함께 있어도 된다고 했다. (아이들은 시끄럽게 하거나 예배에 전혀 지장을 주지 않았다.) 나는 남편에게 그 교회에 다니지 않겠다고 말했고 남편은 그곳을 떠나기로 결정했다.[8]

감사하게도, 공예배에 대한 복음주의 교회들의 그런 접근방식을 재평가해야 한다고 생각하는 사람들이 있다. 대표적인 예가 전 휘튼대학교 음악대학 학장이었던 헤럴드

---

8. Elizabeth B., online review of Calvary Chapel (Rosedale, MD), *Insider-Pages*, November 6, 2010, http://www.insiderpages.com/b/3715904264.

베스트(Harold Best)이다. 그의 책《끊임없는 예배*Unceasing Worship*》에서 그는 교회를 나누는 관습을 통렬히 비판하는 글을 썼다.

성도들을 연령별, 유형별, 취향별로 나누는 것은 반쪽짜리 공동체, 혹은 가짜 공동체의 모습이다. 그리스도의 몸은 영적으로 완전체인 것처럼 나이나 유형 면에서도 완전체이다. 지역 모임을 여러 그룹으로 나누어 각각 자기들에게 맞는 예배를 드리게 하는 것은 역설적이고, 더 나쁘게 말하면 성경적으로 문제가 있는 것이다. 교회의 리더십이 공동체적 모임에 관한 부차적인 사항들에 굴복해서, 결국 이 방향으로 갈 수밖에 없다고 느끼고 있다고 생각하면 참으로 낙심스럽다.[9]

〈월스트리트저널〉도 최근에 로라 밴더캠이 소음 문제로 자녀를 예배실에서 내보내는 경험을 한 후 어린이들에 대

---

9. Best, *Unceasing Worship*, 74.

한 교회들의 태도를 조사한 것을 기사로 내보냈다. 그녀의 연구는 "이것이 점점 더 많은 교회에서 주요 토론 주제가 되고 있고" 어린이들을 향한 교회의 태도는 단지 주일학교와 그밖의 실용적인 접근 대신 역사적 기독교의 관행을 반영하기 시작했다고 전한다.[10] 그 기사는 또 다른 어머니인 케이트 위커의 말을 기록했다. 그녀는 네 살, 두 살, 그리고 갓난아기를 둔 어머니로서 애틀랜타의 로마 가톨릭교회에 다닌다. "아이들에게 세례를 주고, 그 아이들을 그리스도의 몸 안으로 환영해주면서, 어떻게 그 다음에 '너희가 시끄럽게 굴지 않고 가만히 앉아 있을 나이가 될 때까지는 여기서 환영받지 못한다'고 말할 수 있습니까?" 사실 이 어머니는 심지어 교황 베네딕토 16세의 말을 인용하기도 했다. 그는 미사에 대해 "이런 이유로 부모들은 그리스도의 가족 전원을 주일 미사로 초청하시는 그리스도의 초대에 응답하는 것의 가치와 중요성을 그들의 자녀들이 발견하게 해주어야

10. Laura Vanderkam, "Seen and Not Heard in Church," *Wall Street Journal*, December 4, 2009, http://online.wsj.com/article/SB1000142 405274870433590457449576123408131316.html.

한다"고 말했다.[11] 나는 나의 신학적 전통에 따라, 미사는 심각한 신학적 오류라고 믿지만(하이델베르크 요리문답 제80문), 베네딕토 16세는 교회의 어린아이들을 교회 예배에 포함시키는 것에 관하여 모든 기독교 교회들이 역사적으로 어떻게 이해해 왔는지를 보여주었다.[12]

역사적 관행

예배에 참석하는 어린아이들을 전심으로 환영하는 교회의 목사로서, 아이들을 데려온 부모들이 예배에서 배제된다는 위와 같은 후기들을 보면 여러 면에서 마음이 아프다. 그런 일을 행하는 교회들이 그렇다고 "교리는 필요없고 오직 그리스도"만 소유하며, "책은 필요없고 오직 성경만 따른다"

---

11. Benedict XVI, "On Importance of Sunday Mass," *Catholic Online*, June 13, 2005 (translation of address given June 12, 2005, from pope's window, St. Peter's Square), http://www.catholic.org/featured/headline.php?ID=2258.

12. 이 질문과 답변에 대한 대중적인 설명을 원한다면 Venema의 "Lord's Supper," *Outlook*을 참고하라. 좀 더 학문적인 설명을 원한다면 Venema의 "Lord's Supper," *Mid-America Journal of Theology*를 참고하라.

고 자랑하는 그런 교회도 아니다. 그러나 우리가 솔라 스크립투라, 즉 "오직 성경만이 중요하고 절대적인 교리의 표준"[13]이라는 종교 개혁 교리를 물려받은 자들이라면, 그것을 확언할 뿐만 아니라 할 수 있는 한 믿음과 삶과 예배의 모든 영역에 그것을 적용하려고 노력해야 할 것이다.

교회는 깊은 역사적 뿌리를 가지고 있다. 우리는 이것을 인정하고, 우리의 관행들이 어떻게 고전적인 관행을 반영하는지, 혹은 반영하지 않는지에 대해 고민할 필요가 있다.[14] 예를 들면, 우리는 교회 정치와 관련된 지침들을 담고 있는 수리아의 4세기 문헌인 《사도헌장》(Apostolic Constitutions)에서 여러 세대가 함께 참여하는 예배에 대한 글을 읽는다. 그 책은 교회의 예배 회집에 대해서도 말하고 있는데, 집사들의 의무 중 하나가 회중의 각 멤버의 자리를 배치해주는 것이라고 전한다. 그 책은 먼저 말씀의 예전으로 알려진 예배의 전반부를 설명한다. 예배시 구약성경의 두 본문을 읽고, 시편 찬송을 부른 후, 신약성경의 사도행

---

13. Muller, *Dictionary of Latin and Greek*, 284.

전, 서신서를 읽고 마지막으로 복음서를 읽었다. 그것을 읽은 후에는 장로들과 감독이 성도들을 권면했다. 성찬의 예전으로 알려진 예배의 후반부를 설명하기 전에, 《사도헌장》은 각 성도들의 자리를 배치하는 집사들의 의무에 대해 설명한다. 성직자와 평신도, 남자와 여자의 구분에 더하여, 우리는 다음과 같은 글을 읽는다.

목자가 모든 짐승을, 즉 염소와 양을 종류와 연령에 따라 구분하고 비슷한 부류끼리 모아놓는 것처럼, 교회 안에서

---

14. Richard Muller의 글에는 솔라 스크립투라와 교회 역사의 관계가 이런 식으로 표현되어 있다.

마지막으로, 솔라 스크립투라는 신학적 하위규범으로서 기독교 전통의 유용성을 부인하기 위한 개념이 아니었음을 기억해야 한다. 개혁가들의 견해는 중세 후기 신학에서 성경과 전통의 관계에 관한 토론으로부터 발전했다. 한쪽에서는 그 둘을 동등한 규준으로 보았다. 다른 한쪽은 성경을 절대적인 것, 따라서 우선적인 규준으로 보았으며, 다만 교리적 진술과 관련하여 전통의 파생적이지만 중요한 부수적 역할을 허락한다. 개혁파들과 개신교 정통파는 후자의 견해를 지지했다. 전통은 유용한 가이드이며, 니케아, 콘스탄티노플, 칼케돈의 삼위일체론과 그리스도론에 관한 진술은 성경적 진리의 표현이고, 교회의 위대한 스승들은 항상 성경에 비추어 평가해야 하는 신학적으로 가치 있는 가르침을 주었다는 가정하에서 말이다.

Muller, *Dictionary of Latin and Greek*, 284. 또한 Kistler의 *Sola Scriptura*에 포함된 수필집을 참고하라.

도 그러해야 한다. 젊은 사람들은 그들을 위한 자리가 있다면 자기들끼리 앉게 하라. 자리가 없다면 똑바로 서 있게 하라. 그러나 이미 연로한 자들은 순서대로 앉게 하라. 서 있는 **어린이들은 그들의 아버지와 어머니들이 데리고 가게 하라.** 젊은 여자들도 그들을 위한 자리가 있다면 자기들끼리 앉게 하라. 그러나 자리가 없다면 여자들 뒤에 서 있게 하라. 결혼하여 자녀가 있는 여자들은 그들끼리 있게 하라…또한 집사가 자리를 배치하여, 예배에 참석하는 모든 이들이 자기에게 맞는 자리로 가고 입구에 앉아 있지 않게 하라. 이와 같이 집사는 사람들을 감독하여, 아무도 속닥거리거나, 잠을 자거나, 웃거나, 고개를 끄덕이지 않게 하라. 모든 사람은 교회 안에서 지혜롭고 침착하게, 경청하는 자세를 취해야 하며, 하나님의 말씀에 집중해야 하기 때문이다(2.7.57).[15]

분명히 말하지만, 나는 단지 어떤 것이 과거에 행해졌다

---

15. "Constitutions of the Holy Apostles," 421.

고 해서 지금 우리가 반드시 그때처럼 행해야 한다고 주장하는 것이 아니다. 내가 말하는 것은 우리의 관행들을 이전 세대의 관행과 비교해보는 것이 하나님의 말씀에 따라 우리의 관행을 평가하고 항상 개혁하는(*semper reformanda*) 데 도움이 된다는 것이다.

교회 안에서 어린이들의 위치

개혁파 목회자로서 나는 신앙을 가진 부모의 자녀는 유형 교회의 멤버라고 성경이 가르치고 있음을 굳게 믿는다.[16] 개혁신학 용어로, 그들은 한 은혜 언약의 경영인 새 언약 경영의 멤버들이다.[17]

언약이란 무엇인가? 그것은 외적인 의식을 수반하는 하나님의 엄숙한 약속, 맹세, 계약을 말한다. 예를 들면, 결혼을 할 때 약속과 맹세를 하면서, 그 약속들을 상징하는 반

---

16. Hyde, *Jesus Loves the Little Children*, 37 – 43를 참고하라.

17. 은혜 언약에 관하여 Bullinger의 *Brief Exposition*; Hendriksen의 *Covenant of Grace*, Horton의 *God of Promise*를 참고하라.

지를 주고받는 것이 일종의 언약이다.[18]

죄인들에게 은혜를 베푸시겠다는 하나님의 약속은 창세로부터 새 창조에 이르기까지 언약의 형태로 그분의 백성들에게 계시되어 왔다. 아담이 죄를 범한 후(창 3:1-7; 롬 5:12-19), 하나님은 아담과 하와가 무화과 나뭇잎으로 옷을 만들어 입고 나무 뒤에 숨어 있는 것을 발견하셨다(창 3:8-9). 하나님은 심판의 말씀(창 3:14-19) 속에서도 다가올 구원의 복음을 전하셨다. "내가 너로 여자와 원수가 되게 하고 네 후손도 여자의 후손과 원수가 되게 하리니 여자의 후손은 네 머리를 상하게 할 것이요 너는 그의 발꿈치를 상하게 할 것이니라"(창 3:15; 요 12:31; 롬 16:20; 계 12장). 하나님은 자신의 행위로, 즉 그들에게 옷을 지어 입히기 위해 동물들을 희생시킴으로써 복음의 약속을 나타내시고 심지어 확증하기까지 하셨다(창 3:21).[18]

하나님은 계속해서 노아(창 9:9-17), 아브라함(창 15장; 17장), 이스라엘(출 19-24장), 다윗(삼하 7장), 그리고 추방당한 이스라엘(렘 31:31-34)에게 자신의 언약에 대해 더 많이 보여주셨다. 이러한 언약의 전개 안에서, 하나님은 구주로 오실 분에 대해 점점 더 많은 약속을 주셨다. 하와에게 하나님은 단지 후손을 약속하셨고(창 3:15), 아브라함에게는 아들을(창 15:4), 유다에게는 그의 계보에서 구주가 나실 것을(창 49:10), 다윗에게는 그분이 집을 건축하실 것을(삼하 7:13-14), 선지자들에게는 그분의 어머니가 동정녀일 것이고(사 7:14), 그분이 베들레헴에서 나실 것이며(미 5:2), 바벨론 포로기 후에 태어나실 것이고(단 9:24-27), 고난을 받은 후 영광을 받으실 것이고(사 53장), 예언자의 전조가 있을 것을 약속해주셨다(말 3:1). 이 모든 은혜로운 약속들은 예수 그리스도 안에서 성취되었고(눅 3:22; 히 9:14-28), 장차 새 하늘과 새 땅에서 절정에 이를 것이다(계 21:1-6; 22:1-5). 이 모든 것을 바울은 "약속의 언약들"이라 부른다(엡 2:12). 즉 처음부터 끝까지 성경은 한 하나님, 한 구주, 한 구원, 한 백성에 관한 이야기이다. 신학적 용어

---

18. 하이델베르크 교리문답의 주요 저자인 Zacharius Ursinus (1534 –83)는 언약을 "상호 계약 또는 양자 간의 합의로서, 어떤 조건에서 어떤 것을 이루기 위해 일방이 타방에게 자신을 구속시키면서, 무언가를 주거나 받는 것이며, 가장 엄숙한 방식으로 계약을 비준하기 위한 목적으로, 그리고 계속해서 약속을 어기지 않고 지켜야 한다는 것을 확인하기 위한 목적으로, 이 때 어떤 외적인 서명이나 상징이 수반되는 것"으로 정의했다. Ursinus, *Commentary*, 97.

로, 하나의 "은혜 언약"이 있다.[19] 웨스트민스터 신앙고백을 보면 이렇게 나와 있다.

이 언약은 율법 시대와 복음 시대에 각기 다르게 경영되었다. 율법 아래서 언약은 약속, 예언, 제물, 할례, 유월절 어린 양, 기타 여러 모형들과 의식들로 경영되었는데, 이 모든 것은 장차 오실 그리스도를 예표하였다. 그 당시에는 이런 것들이 성령의 사역을 통하여, 약속된 메시아에 대한 믿음으로, 택자들을 가르치고 세우기에 충분하고 효과적이었다. 그 메시아로 말미암아 그들은 완전한 죄 사함과 영원한 구원을 얻었으니, 이를 구약이라 부른다(웨스트민스터 신앙고백, 7.5).

복음 아래서, 그리스도께서 실체로 나타나셨을 때 이 언약

---

19. 하이델베르크 교리문답은 복음이 "처음에 낙원에서 계시되었고, 그 후에 족장들과 선지자들에 의해 선포되었으며, 희생제사들과 율법의 다른 의식들에 의해 예시되었고, 최종적으로 하나님의 사랑하는 아들에 의해 성취되었다"(제19문)고 말함으로써 위에서 언급한 하나님의 은혜 언약의 위대한 역사를 요약한다.

을 시행하는 규례는 말씀 설교와 세례와 성찬의 성례 집행이었다. 그것은 수적으로 적고 더 간단하게 행해졌으며 외적인 영광도 더 적게 나타났지만 그 안에서 더 큰 충만함과 증거와 영적인 능력이 나타난다. 유대인들과 이방인들, 모든 민족들에게 그렇다. 이것을 신약이라 부른다. 그러므로 본질이 다른 두 개의 은혜 언약이 있는 것이 아니라, 단 하나의 동일한 은혜 언약이 다양한 경륜으로 나타난 것이다 (웨스트민스터 신앙고백, 7.6).

하나님은 누구와 언약을 맺으시는가? **하나님과 영원의 관점에서 볼 때**, 하나님은 그리스도와 선택받은 백성들과 더불어 언약을 맺으셨다. 웨스트민스터 대요리문답(1647)에 나와 있듯이, "은혜 언약은 둘째 아담이신 그리스도 및 그 안에서 그의 후손으로 택함받은 모든 이들과 맺으셨다"(제31문).[20] 한편 **역사 속에서 우리의 관점에서 볼 때**, 하나님은 신

---

20. 이 질문과 답변에 관해선 Ridgley의 *Body Of Divinity*, 2:167 –85에 나오는 긴 해설을 참고하라.

자들과 그들의 자녀들과 더불어 언약을 맺으셨다. 도르트 신조(1618-19)는 다음과 같이 말한다. "믿는 자들의 자녀는 본성적으로 거룩한 것이 아니라 은혜 언약 덕분에 거룩하다(*sed beneficio foederis gratuiti*). 그들은 부모와 함께 그 언약 안에 포함된다"(1. 17).[21]

구약성경은 이것을 가르친다. 예를 들면, 창세기에서 언약의 계보는, 아담의 아들 가인이 아니라 셋을 통해(창 4:25; 5:3), 노아의 아들 함이나 야벳이 아닌 셈을 통해(창 9:9; 11:10-26), 데라의 아들 나홀과 하란이나 하란의 아들 롯 대신 아브람을 통해(창 11:27-12:1; 13장), 아브라함의 아들 이스마엘이 아닌 이삭을 통해(창 17장), 이삭의 아들 에서가 아닌 야곱을 통해(창 25:19-26:5) 계속 이어졌다. 하와의 "후손"(복수)이 뱀의 머리를 상하게 할 것이다(창 3:15). 하나님은 노아와 **그의 가족**과 더불어 언약을 맺으셨다(창 9:9). 하나님이 아브라함을 부르셨을 때 "내가 내 언약을 나와 너 및 네 대대 후손

---

21. 이 조항에 대한 대중적인 논의를 보려면 Pronk의 *Expository Sermons*, 89-99를 참고하라. 학문적인 자료를 보려면 de Boer의 "O, Ye Women," 261-90; Venema의 "Election and Salvation"을 참고하라.

사이에 세워서 영원한 언약을 삼고 너와 네 후손의 하나님이 되리라"(창 17:7)고 말씀하셨다. 십계명에서 하나님은 불순종하는 자들을 저주하고 순종하는 자들에게 축복을 내리겠다고 하시면서, "나를 미워하는 자의 죄를 갚되 아버지로부터 아들에게로 삼사 대까지 이르게 하거니와 나를 사랑하고 내 계명을 지키는 자에게는 천 대까지 은혜를 베푸느니라"(출 20:5-6)라고 말씀한다. 이렇게 말씀함은 아버지와 아들 사이에 언약적 연결이 있기 때문이다.

신약성경도 이것을 가르친다. 신약성경은 결코 신자의 자녀와 언약 공동체 간의 관계가 바뀌었다고 말하지 않는다. 예수님과 사도들은 신자의 자녀가 하나님의 언약 백성에 속한다는 가르침을 철회하지 않는다. 그분들은 신약 시대의 신자의 자녀들이 구약 시대와 다른 대우를 받아야 한다고 말하지 않는다. 대신 주 예수님의 태도를 볼 때 신자의 자녀들은 "언약의 자녀들"이다(마 19:14, 18:1-6; 막 10:14-16; 눅 18:15-17). 또한 사도행전 2장 39절에서는 새 언약이 시작되는 시점에 주어진 주의 은혜의 약속이 나온다. "이 약속은 너희와 너희 자녀와 모든 먼 데 사람 곧 주 우리 하나님이 얼마든지 부르시는 자들에게 하신 것이라." 나아가 사도 바울의 글 속에서도 어린아이들이 그리스도의 가족에 속해 있고 그 복을 받고 있다는 사상을 확인할 수 있다. 바울은 십계명의 제5계명을 인용하여 부모에 대한 자녀들의 의무를 가르치고, 또 자녀들을 교회의 지체로 키우며 "주의 교훈과 훈계로 양육할"(엡 6:4; 골 3:20) 부모의 책임을 가르친다. 바울은 고린도전서 7장 14절에서도 같은 말을 한다. 그는 신자와 불신자 간의 결혼 문제에 대해 말하면서, "믿지 아니하는 남편이 아내로 말미암아 거룩하게 되고 믿지 아니하는 아내가 남편으로 말미암아 거룩하게 되나니 그렇지 아니하면 너희 자녀도 깨끗하지 못하니라 그러나 이제 거룩하니라"고 말한다. 남편이나 아내 중 한 명만 신자일 경우에도 한 가족 구성 단위가 "거룩해진다." 여기서 거룩해진다는 표현은, 점점 더 예수 그리스도의 형상을 닮아가는 삶의 "성화"나 "거룩함"(예를 들면 롬 8:29)을 의미하는 것이 아니고, 구약성경의 일반적 의미에서 볼 때 파괴되고 분열된 이 가족들도 여전히 더 큰 하나님의 백성의 일부라는 뜻이다.

우리 자녀들이 은혜 언약에 속하여 그 언약의 축복을 받는 것은 한 가족의 일원이 되는 것과 같다. 한 가족의 구성원으로서, 가장 연장자부터 가장 어린아이까지 모두가 사랑, 안식처, 보호와 같은 가족의 축복을 받는다. 자녀들을 우리 가족의 외부인으로 여겨서는 안 되는 것처럼, 하나님의 가족인 교회의 외부인으로 여겨서는 안 된다. 어느 작가가 말했듯이, 만일 어린아이들이 은혜 언약의 한 부분이 아니었다면, 사도 바울은 왜 굳이 에베소서와 골로새서에서 어린이들을 언급했겠는가?[22]

역사적인 개신교의 교리문답과 신앙고백들도 신자의 자녀가 은혜 언약의 경영에 속해 있다고 가르친다. 웨스트민스터 신앙고백은 "유형 교회는…전 세계적으로 참된 신앙을 고백하는 모든 이들과 그들의 자녀로 구성된다"(웨스트민스터 신앙고백, 25.2)고 말한다. 웨스트민스터 대요리문답은 "유형 교회는 모든 시대와 모든 곳에서 참된 신앙을 고백하는 모든 이들과 그들의 자녀로 구성된 사회이다"(웨스트민스터 대요리문답 제62문)라고 말한다. 이 때문에 계속해서 "둘 다 혹은

---

22. Bosma, *Exposition of Reformed Doctrine*, 266.

둘 중 한 사람이라도 그리스도께 대한 신앙을 고백하고 그 분께 순종하는 부모에게서 태어난 아기들은 그 점에 있어서 언약 안에 있으며 세례를 받게 된다"(웨스트민스터 대요리문답 제166문)고 말한다. 하이델베르크 교리문답에 의하면, 유아들은 "부모들과 마찬가지로 하나님의 언약과 그분의 백성에 속한 자들이며" 따라서 "언약의 증표인 세례를 받음으로 그리스도의 교회에 접붙임을 받고 불신자들의 자녀와 구별된다. 구약에서 할례를 받았던 것처럼 신약에서는 세례를 받는 것이다"(하이델베르크 교리문답 제74문).

당신이 이와 똑같은 신학적 견해를 갖고 있지 않더라도, 경험상 우리는 아마도 우리 자녀들을 그와 같이 바라볼 것이다. 또한 우리는 이것을 시작점으로 함께 일할 수 있다. 예를 들면, 당신은 자녀들이 잠자리에 들기 전에 그들과 함께 "예수님은 어린이를 사랑하시네" 또는 "예수 사랑하심은" 같은 찬송을 부른 적이 있는가? 식사 시간 및 밤에 아이들을 재우기 전에 아이들과 함께 기도하는가? 어쩌면 당신은 당신 교회의 공예배 시간에 당신의 자녀를 "봉헌했을" 수도 있다. 그 때, 당신은 무엇을 하기로 약속했는가?

그리스도인 가정의 일원으로서 그리스도인답게 자녀를 기르겠다고 약속했다. 어쩌면 다음과 같은 노래를 불렀는지도 모르겠다.

사랑의 열매, 이 생명의 선물을
오, 하나님, 당신의 돌봄에 맡깁니다.
하나님의 은혜와 인도하시는 손길을
장차 알게 되기를 지금 기도합니다.

겸손한 기쁨으로
이제 막 시작된 과업을 인식합니다.
성스러운 책임이 우리 품안에 있으니
그것은 믿음을 고이 안아 전달해주는 것입니다.[23]

당신이 자녀들과 함께 이러한 것들을 하는 목적은 무엇인가? 당신이 그렇게 하는 이유는 우리 자녀들이 세상의 자

---

23. "The Fruit of Love," in *Worship & Rejoice* (hymnal), 682에서.

녀들과 다르고 우리가 그들을 다르게 키워야 한다는 걸 내재적으로 알고 있기 때문이다.[24] 벨직 신앙고백서에서 가르치듯이, 세례를 받음으로 "우리는 하나님의 교회 안으로 받아들여지고, 다른 모든 사람들과 이상한 종교들로부터 분리된다. 이것은 하나님의 기와 깃발을 지니고 있는 우리가 온전히 하나님께 속하기 위함이다"(벨직 신앙고백 제34조).[25]

그 이유는 성경 전체에 걸쳐 교회의 자녀들이 세상의 자녀들과 구별된다는 것을 배우기 때문이다. 여기서 당신이 우려할 수 있는 것에 대해 명백히 이야기하겠다. 나는 교회의 모든 아이들이 반드시 지금, 또는 미래에 거듭나고, 의롭다 함을 받으며, 구원을 받을 거라고 말하는 것이 아니다. 사실 개신교의 선조들은 우리 아이들이 단지 외적으로 "교회 안에" 있는 것과 내적으로 "(교회에) 속해 있는 것"이 다

---

24. Hyde, *Jesus Loves the Little Children*, 37.

25. 또한 제2 스위스 신앙고백서(Second Helvetic Confession, 1561/66) 20조를 보라. 이것에 대한 설명을 원한다면 Ursinus의 *Commentary on the Heidelberg Catechism*, 365–76; Bastingius의 *Exposition*, 100, column 1–102, column 1을 참고하라.

르다는 걸 분명히 했다(벨직 신앙고백 제29조).[26] 사도 바울의 말에 의하면 "이스라엘에게서 난 그들이 다 이스라엘이 아니다"(롬 9:6). 아이들이 부모와 함께 교회 안에 있더라도, 그들은 오직 그리스도에 대한 믿음으로만 그리스도의 은택을 받는다.

이 차이를 분명히 하는 것이 중요하다. 그렇지 않으면 우리 자녀들과 그리스도 및 그분의 교회와의 관계를 과대평가하거나(그들이 모두 선택받았다고 가정함), 혹은 과소평가할 것이다(그들이 우리와 함께 교회 안에 있는 것이 아무 유익이 없다고 믿음).[27] 17세기의 네덜란드 목사인 야코부스 꿀만(Jacobus Koelman)은 한 가지 균형 잡힌 접근법을 제시했다. 나는 그의 조언이 이 책을 읽는 모든 사람에게 적용되지 않을 수도 있다는 걸 안다. 모든 사람이 자녀에게 세례를 주진 않기 때문이다. 그럼에도 불구하고 그의 말에 담긴 정신은 모든 부모들에게 적용된다.

---

26. CRC, *Psalter Hymnal* (1988), 847.

27. 이것에 대해서는 Beeke, *Bringing the Gospel to Covenant Children*, 3–11를 참조하라.

교회에서 외적인 세례를 받은 것에 만족하지 말고, 세례를 받을 때 하나님과 그분의 교회 앞에서 한 엄숙한 약속들을 갱신하고, 그들을 위해 기도함으로써 세례를 잊지 말고 간직하라. 주께서 그들을 용서해주시고 성령으로 말미암아 그들을 그리스도 예수 안에서 하나님과 연합시켜주사 세례 제도를 성취하고 확증해주시길 기도하라. 하나님이 그들을 거듭나게 하시고, 당신에게서 물려받은 타락한 본성, 옛 아담을 죽이고, 십자가에 못박고, 제압할 수 있게 해주시길 기도하라. 주께서 그들을 깨끗하게 해주시고, 지식과 의로움과 거룩함에 있어 그분의 형상을 따라 새롭게 해주시며, 그분의 은혜로 그들을 강하게 하사, 그들이 자라서 세상과 육신과 마귀를 물리치고 이기게 하시고, 그들이 사는 날 동안 늘 새로운 생명과 성령의 위로 안에서 주님을 섬기게 해주시길 기도하라.[28]

…당신의 모든 자녀들이 하나님께 사랑받고 있고 반드시

---

28. Koelman, *Duties of Parents*, 41.

구원을 받을 거라고, 혹은 그들이 참으로 그리스도 안에서 성화되고 있고 이미 거듭났으며 축복을 받고 있다고 무조건 믿지 말라. 그것은 모르는 일이고 불확실한 것이기 때문이다…그러므로 당신은 그들을 위해 기도하고, 믿음과 말씀 안에서 그들을 가르쳐야 한다. 그들을 경건하게 양육하여, 그들 스스로 하나님과의 언약에 동의하고, 구원받기 위해 그것에 굴복하게 해야 한다.[29]

우리의 자녀들은 신자인 우리에게 속하였고, 우리로 인해 신자로서 교회와 관계를 맺으므로, 그들은 다르다. 그들이 다르기 때문에 우리는 그들을 위해 기도해야 한다. 말씀의 교훈으로 그들을 가르쳐야 한다. 주님의 길을 따르는 삶의 본을 그들에게 보여주어야 한다. 그들이 속한 교회의 예배에 그들을 참석시켜야 한다.

---

29. 같은 책, 42.

아동 친화적인 교회

오늘날 많은 복음주의권 안에서, 예를 들면 "신칼빈주의 (New Calvinism)"[30] 안에서 성경적 교리의 회복이 이루어지고 있으므로, 지금은 우리의 관행을 재평가하면서 어떻게 예배의 영역에서 좀 더 "아동 친화적"인 교회가 될 수 있는지 질문해볼 좋은 시기다. 또한 우리 자녀들이 과거의 어느 때보다 더 신앙에 대한 공격을 받고 있기 때문에 지금은 더더욱 이 문제를 고려할 때이다. 많은 아이들이 태어나기도 전에 낙태 지지 운동에 의해 공격을 받는다. 우리 문화는 점점 더 자녀들을 꾀어 쾌락주의, 물질주의, 자기도취의 세계관에 빠지게 하려 한다. 따라서 교회는 아이들이 어릴 때부터 피난처가 되어 주어야 한다. 이것을 실제적으로 구현하는 길은, 예배 시간에 아이들이 우리와 함께 하나님의 은혜의 보좌 앞에 나아가게 하고, 교회에서 의미 있는 자리를 그들에게 내어주는 것이다.[31] 기독교 교육학자인 존 웨스

---

30. Van Biema, "New Calvinism."

터호프 3세가 보여주었듯이, 3세대가 함께 교회에서 예배를 드리는 성경적인 본을 보이면 그 결과 세대 간에 상호작용과 나눔이 있게 되며, 온전한 신앙 공동체를 경험하게 된다.[32] 그러므로 성도의 자녀들은 곧 교회의 자녀들이며, 성령의 가장 아동 친화적인 보육기관인 공예배에 참석함이 마땅하다.

31. Sandell, *Including Children in Worship*, 7.

32. Westerhoff III, *Will Our Children Have Faith?*, 53 – 54. Cf. Bacon, *Revealed to Babes;* Ward, *Worship Is for Kids*.

2장
성경에 나오는 예배 속의 아이들

•
•
•

어린이들이 부모와 그 외 성도들과 함께 예배를 드리는 관행은 성경에서 볼 수 있는 모습과 일치한다. 서문에서 한 이야기를 반복하자면, 하나님의 말씀 안에 규정된 것과 하나님의 말씀 안에 묘사된 것 간에는 분명한 구별점이 있다. 어린이가 예배드리는 것에 관하여 "주께서 이렇게 규정하셨다"는 것은 없지만, 신구약성경은 예배드리는 하나님의 백성들 중에 있는 어린이를 다양하게 묘사하고 있다. 예전을 연구하는 학자들은 구약성경 곳곳에 나타나는 언약의 개념으로부터, 이스라엘의 예배 가운데 어린이들이 함께했음을 기본적으로 추정할 수 있다고 주장한다.[1] 최근에 제례

미 워커(Jeremy Walker)는 이 입장을 다음과 같이 요약했다.

성경은 하나님의 백성이 드리는 예배에 어린이들이 참석했다고 변함없이 암시한다. 느헤미야 시대에, 남자나 여자나 알아들을 만한 사람이 모두 모여 학사 에스라가 율법을 읽는 것을 들었다(느 8:1-3; 스 10:1). 모세는 분명히 율법이 낭독될 때 말 그대로 이스라엘의 "어린아이들"이 참석하길 기대했다(신 31:12-13). 교회들을 향해 쓴 바울의 서신들은 어린아이들이 함께 있는 것을 기본적으로 전제한다(엡 6:1-4; 골 3:20). 또한 주 예수님이 가르치실 때 어린아이들도 현장에 함께 있었다(마 18:1-5; 19:13-15).[2]

이 장에서 내가 하고자 하는 것은, 신구약성경에서 어린이들이 공예배에 참석한 몇 가지 사례를 참고하여, 이것이 시행할 가치가 있는 실천사항임을 보여주는 것이다.

---

1. Clark, "Children and Worship," 161.

2. Walker, "Attendance of Children in Public Worship."

구약

구약성경에서 가계의 언약적 구조를 통해 일하시는 하나님을 앞에서 살펴보았다. 한편, 구약성경이 막바지를 향해 갈 때, 선지자들은 새 언약 시대가 밝아 옴을 예견했다. 거기서 어린아이들은 중요한 위치를 차지했다. 이사야는 "네 모든 자녀는 여호와의 교훈을 받을 것이니 네 자녀에게는 큰 평안이 있을 것이며"(사 54:13)라고 예언했다. 그는 또한 그 시대에 여호와께서 친히 백성 가운데 계실 것이기 때문에 모든 나라들이 하나님의 백성에게 이끌릴 거라고 말했다.

> "일어나라 빛을 발하라
> 이는 네 빛이 이르렀고
> 여호와의 영광이 네 위에 임하였음이니라
> 보라 어둠이 땅을 덮을 것이며
> 캄캄함이 만민을 가리려니와
> 오직 여호와께서 네 위에 임하실 것이며
> 그의 영광이 네 위에 나타나리니

나라들은 네 빛으로

왕들은 비치는 네 광명으로 나아오리라

네 눈을 들어 사방을 보라

무리가 다 모여 네게로 오느니라

네 아들들은 먼 곳에서 오겠고

네 딸들은 안기어 올 것이라"

(사 60:1-4)

이스라엘의 신앙으로 개종한 이방인들 가운데 그들의 아들과 딸들이 있을 것이며, 이사야는 그들이 "안기어 올 것"이라고 말한다.[3] 매튜 헨리는 이것을 다음과 같이 말함으로 어린이와 예배의 문제에 적용했다. "교회의 어린이들은 교회의 품에서 보살핌을 받아야지 이방인들에게 보내서 보살핌을 받게 해서는 안 된다." 왜 그는 이 구절을 이런 식으로 적용했을까? "베드로전서 2장 1, 2절 말씀처럼, 거기에서만

---

3. ESV와 NIV 성경은 이것을 "carried on the hip"(등에 업혀다니고)라고 번역한다. *Book of Isaiah*, 446에서의 Young의 언급들을 보라.

순전한 말씀의 젖을 얻을 수 있고, 교회의 갓 태어난 아기들이 그 젖을 먹고 자라야 하기 때문이다."[4]

또 다른 선지자, 스가랴는 새 언약을 미래의 어느 날로 내다보았는데, 거기서 하나님의 백성들 가운데 있는 아이들의 위치가 매우 감동적인 이미지로 묘사되고 있다. "그 성읍 거리에 소년과 소녀들이 가득하여 거기에서 뛰놀리라"(슥 8:5). 그들이 가장 좋아하는 일을 하고 있는, 즉 뛰어놀고 있는 모습보다 더 하나님의 백성들 사이에 있는 그들의 위치를 잘 보여주는 것이 있을까?[5]

어린이들이 공예배에 참석한 사례들을, 이스라엘 역사의 여러 중요한 순간들에서 찾아볼 수 있다.

출애굽

하나님은 출애굽기에서 바로 왕에게 자신의 큰 목적을 밝히신다. "여호와의 말씀에 이스라엘은 내 아들 내 장자

---

4. Henry, *Commentary*, 1201.

5. 이 본문에서 어린아이들이 언급되는 것에 관하여 Ryle의 *Boys and Girls Playing*, 1-9를 참고하라.

라 내가 네게 이르기를 내 아들을 보내 주어 나를 섬기게 하라"(출 4:22-23). 하나님이 그분의 "아들"을 구속하신 목적은 하나님을 예배하게 하기 위함이었다. 또한 모세가 바로에게 "이스라엘의 하나님 여호와께서 이렇게 말씀하시기를 내 백성을 보내라 그러면 그들이 광야에서 내 앞에 절기를 지킬 것이니라 하셨나이다"(출 5:1)라고 말하는 것을 본다. 그리고 출애굽기 7장 16절에서 하나님은 다시 이 구원의 목적에 대해 말씀하셨다. "그들이 광야에서 나를 섬길 것이니라." 나중에 애굽에 닥친 열 가지 재앙의 이야기에서(출 7-12장) 우리는 모세와 아론, 그리고 바로 사이에 오고간 흥미로운 대화를 접하게 된다. 그것은 누가 광야로 들어가 여호와를 섬길 것이냐에 관한 것이었다.

바로의 신하들이 그에게 말하되 "어느 때까지 이 사람이 우리의 함정이 되리이까 그 사람들을 보내어 그들의 하나님 여호와를 섬기게 하소서 왕은 아직도 애굽이 망한 줄을 알지 못하시나이까" 하고 모세와 아론을 바로에게로 다시 데려오니 바로가 그들에게 이르되 "가서 너희의 하나님 여호와를 섬기라 갈 자는 누구 누구냐" 모세가 이르되 "우리가 여호와 앞에 절기를 지킬 것인즉 우리가 **남녀 노소**와 양과 소를 데리고 가겠나이다" 바로가 그들에게 이르되 "내가 너희와 너희의 **어린 아이들**을 보내면 여호와가 너희와 함께 함과 같으니라 보라 그것이 너희에게는 나쁜 것이니라"(출 10:7-10).

모세가 말했듯이, 어린(*na'ar*) 아들과 딸들을 포함하여 모든 이스라엘 백성들이 광야로 들어가 여호와의 절기를 기념해야만 했다. 그 단어는 출애굽기 2장에서 아기였던 모세에 대해 사용된 것처럼 어린 아기를 묘사하는 데 사용될 수도 있고(출 2:6), 사무엘처럼 젖 뗀 아이(삼상 1:23, 25, 27), 이스마엘처럼 좀 더 큰 아이(창 21:12), 또는 요셉 같은 십대(창 37:2)를 묘사하는 데 사용될 수도 있다. 하나님께서 그의 "아들"과 "백성"이라고 부르신 자들을 모세는 "남녀 노소"라고 규정한다(출 10:9). 가장 작은 자들부터 가장 큰 자들까지, 하나님은 온 백성이 그분을 예배하기 원하셨다. 그러나 바로는 이것에 동의하지 않았고 그들의 "어린 아이들"(*taphchem*)은 함께 보낼 수 없다고 했다(출 10:10).

모세와 바로 사이의 논쟁은 처음에 바로가 그들을 보내기를 거절했던 것부터 시작해서(출 5:2), 그들이 가도록 허락하되 너무 멀리는 가지 말라고 했고(출 8:28), 그 다음엔 그들은 가되 자녀들은 데려가지 말라고 했다(출 10:10-11). 훌륭한 청교도 주석가, 매튜 헨리(1662-1714)는 이 본문을 적절히 해설한다. 바로 왕 뒤에 사탄이 있었는데, 그는 "하나님을 섬기는 자들이 자녀들을 데려가서 하나님을 섬기게 하는 것을 막기 위해 할 수 있는 모든 것을 다 한다." 사탄은 왜 그렇게 하나님의 백성의 자녀들이 집회에 참석하지 못하게 막으려 한 것일까? "그는 일찍부터 신앙의 주적으로서, 그것이 그의 왕국의 이익에 얼마나 해가 되는지 알았던 것이다. 우리 자녀들을 하나님의 예배에 참석시키는 걸 방해하는 것이 무엇이든 간에, 우리는 그 안에 사탄의 손이 있다고 의심할 이유가 있다."[6] 이것은 우리가 깊이 생각해보아야 할 중요한 말이다.

---

6. Henry, *Commentary*, 108.

유월절

나중에 백성들이 애굽에서 나올 준비를 할 때 그들에게는 유월절 절기를 기념하기 위한 규정들이 주어졌다.

이 후에 너희의 **자녀**(*beneychem*)가 묻기를 이 예식이 무슨 뜻이냐 하거든 너희는 이르기를 "이는 여호와의 유월절 제사라 여호와께서 애굽 사람에게 재앙을 내리실 때에 애굽에 있는 이스라엘 **자손**(*beney*)의 집을 넘으사 우리의 집을 구원하셨느니라" 하라 하매 백성이 머리 숙여 경배하니라(출 12:26-27).

명백히, 각 가정이 이 예식을 위해 한 집에 모여서 행한 유월절 식사는 일종의 가정 예배로 간주될 수 있었다. 그러나 모든 이스라엘인이 그날 밤 유월절을 기념했으므로 그것은 공동의 예배 절기였다. 그리고 하나님은 그 예식에서 어린아이들이 중요한 역할을 하기 원하셨다. 유대인의 관습은, 집안에서 가장 어린 아이가 유월절 식사 때 질문을 하고, 아버지는 이에 답하는 것이다.[7]

유월절에 하나님을 예배할 때 이스라엘의 아이들이 얻는 실제적이고 복된 유익은 그 예배를 통해 그들이 질문을 하게 인도되었다는 것이다. 어른들도 물론 절기를 외적으로 지키는 것만으로는 부족했고 그 절기를 지키는 이유를 이해하고 있어야 했다. 매튜 풀이 말했듯이, "하나님은 이 것을 심지어 유대인 자녀들에게서도 기대하시고, 그리스도인 어른들에게는 훨씬 더 많은 것을 기대하신다. 그들은 공예배에서 행해지는 말이나 행동에 대해 질문하고 이해해야 했다."[8] 다시 말해서, 풀은 이것이 그리스도인 부모들이 예배드리기 전, 예배드리는 동안, 그리고 예배 후에 자녀들에게 이야기하는 것에 적용된다고 보았다. 질문을 하는 쪽이 아이이기 때문에, 이는 곧 부모가 대답할 준비가 되어 있어야 한다는 뜻이다.[9] 예배에서 비롯된 문답식 교육(질문과 대답

---

7. Gispen, *Exodus*, 124. Matthew Henry는 이 본문에 대해 "하나님의 일들에 관해 호기심이 많은 아이들을 보는 것은 좋은 일이다. 조심스럽게 길을 묻는 아이들이 그 길을 발견하기를 바라야 한다. 누가복음 2장 46절을 보면 그리스도 자신도 어릴 때 듣기도 하시고 묻기도 하셨다"고 말했다. Henry, *Commentary*, 111.

8. Poole, *Commentary*, 141.

을 통해 구두로 가르치는 것)은 본질상 경험적인 것이다.[10]

출애굽기에서 이스라엘이 애굽을 떠난 후, 모세는 백성들에게 처음 난 것들을 성별하여 바치는 의식뿐만 아니라 유월절 의식에 대해서도 말해주었다. 이런 의식들을 행할 때 아이들도 함께 참석하였다. 12장에서와 마찬가지로, 아이들은 예배 중에 있었기 때문에 질문을 할 것이다.

너는 그 날에 **네 아들**(*le-bincha*)에게 보여 이르기를 "이 예식은 내가 애굽에서 나올 때에 여호와께서 나를 위하여 행하신 일로 말미암음이라" 하고…후일에 **네 아들** (*bincha*)이 네게 묻기를 "이것이 어찌 됨이냐" 하거든 너

---

9. Matthew Henry는 13장 14절의 병행 구절, "네 아들이 네게 묻기를"을 이렇게 설명했다.

어린아이들은 하나님의 일들에 관하여 부모에게 질문을 하도록 지시되고 격려되어야 한다. 그것은 아마 문답식으로 가르치는 가장 유익한 방법일 것이다. 또한 부모들은 유용한 지식을 갖추어, 항상 아이들의 질문에 대답할 준비가 되어 있어야 한다. 물이 바다를 덮음 같이 여호와를 아는 지식이 온 땅을 덮으려면 먼저 가정 교육의 샘들이 터져야 할 것이다.

Henry, *Commentary*, 113.

10. Brueggemann, *Creative Word*, 25 – 26. 신명기 4장과 다른 구약성경의 본문들이 다양한 청중들과 세대들에게 구원의 역사를 어떻게 설명하는지를 알려면 House의 "examining the Narrative"를 참고하라.

는 그에게 이르기를 "여호와께서 그 손의 권능으로 우리를 애굽에서 곧 종이 되었던 집에서 인도하여 내실새 그 때에 바로가 완악하여 우리를 보내지 아니하매 여호와께서 애굽 나라 가운데 처음 난 모든 것은 사람의 장자로부터 가축의 처음 난 것까지 다 죽이셨으므로 태에서 처음 난 모든 수컷들은 내가 여호와께 제사를 드려서 **내 아들**(banay) 중에 모든 처음 난 자를 다 대속하리니"(출 13:8, 14-15).

출애굽기 12장과 13장 모두, 믿는 부모들에게 그들의 언약의 자녀들을 문답식으로 가르치라고 말씀한다. 그러나 이것은 단지 교실이나 가정에서 문답식으로 가르치는 것 이상이었다. 즉 이것은 예배의 공적 의례를 통해 문답식으로 가르치는 것이었다.[11] 존 칼빈에 의하면, 부모가 자녀들에게 문답식 교육을 하는 구체적인 목적은, "그들의 후손들

---

11. 또한 신명기 4장 9-10절을 보라. 거기서 모세는 예배와 새로운 세대의 어린이들을 가르치는 것의 중요성에 대해 말했다. 호렙산에서 어린아이들이 었고, 애굽의 호화로움을 떠났던 자들이 이제는 가나안 족속이 거주하는 약속의 땅에 들어갈 그들의 자녀들에게 여호와의 말씀과 예배를 전수해주어야만 했다.

에게 하나님에 대한 예배를 전수하는 것이었다."[12] 매튜 헨리가 말했듯이, 이 문답식 교육은 "우리가 갚아야 할 빚이다…우리 자녀들의 영혼의 유익을 위해, 하나님이 그분의 교회를 위해 행하신 큰 일들을 말해주는 것이다. 우리 시대에 우리 눈으로 직접 보고 귀로 들은 일들과 우리 조상들이 우리에게 말해준 일들 모두를 포함한다."[13] 또 다른 곳에서 매튜 헨리는 이렇게 말했다. "신앙의 유산을 보존하고 하나님에 관한 지식과 예배를 후세에 전해주기 위해 주의를 기울여야 한다."[14] 우리 조상들은 이 출애굽기 구절들이 예배 중에 우리 가운데 있는 자녀들에게 적용된다고 이해했다. 우리는 그들의 주장을 심각하게 고려해야 한다.

시내산

"이스라엘 자손이 애굽 땅을 떠난" 후 그들은 "시내 광

---

12. Calvin, *Commentaries on the Four Last Books of Moses*, 1:471; cf. Poole, *Commentary*, 144.

13. Henry, *Commentary*, 113.

14. 같은 책, 241.

야"에 이르러 "산 앞에 장막을 쳤다"(출 19:1, 2). 하나님은 이스라엘을 공식적인 언약 관계 안으로 이끄시고 계신다. 거기서 온 이스라엘 백성들, 즉 어른들과 아이들이 시내산 기슭에 모였다. 모세가 산으로 올라가 "하나님 앞에 올라가니" 하나님이 그를 부르셔서 그분의 말씀을 "야곱의 집에…이스라엘 자손들(children of Israel)에게"(출 19:3) 전하라고 하셨다. 여기서 "너희가 내게 대하여 제사장 나라가 되며 거룩한 백성이 되리라"(출 19:6)는 엄숙하고 즐거운 선언이 있었다. 엄숙한 예전은 하나님이 말씀하시고 그에 응답하여 "백성이 일제히 응답하여 이르되 여호와께서 명령하신 대로 우리가 다 행하리이다"(출 19:8)라고 말하는 것으로 구성되었다.

이 예전이 끝났을 때 하나님이 백성들에게 또 다른 모임을 위해 스스로 준비하라고 하셨다. 거기서 피를 뿌림으로 이 언약이 상징적으로 승인을 받을 것이었다(출 24장). 하나님은 모세에게 "백성에게로 가서 오늘과 내일 그들을 성결하게 하며 그들에게 옷을 빨게 하고 준비하게 하여 셋째 날을 기다리게 하라 이는 셋째 날에 나 여호와가 온 백성의 목전에서 시내 산에 강림할 것임이니"(출 19:10-11)라고 하셨다.

그 후, 이야기는 하나님이 모세의 손을 거쳐 백성에게 율법을 주신 이야기로 전환된다. 이스라엘이 하나님과 만나기 위해 모였을 때, 하나님이 백성에게 그분의 율법을 주셨고, 모세가 그 율법을 백성에게 전달하였다. 그때 그들의 자녀들이 들었을 것이다. 그 자녀들은 "너를 위하여 새긴 우상을 만들지 말고"(출 20:4)라는 두 번째 계명에서 "나 네 하나님 여호와는 질투하는 하나님인즉 나를 미워하는 자의 죄를 갚되 아버지로부터 **아들**(*baniym*)에게로 삼사 대까지 이르게 하거니와 나를 사랑하고 내 계명을 지키는 자에게는 천 대까지 은혜를 베푸느니라"(출 20:5-6)라는 부분을 들을 때, 자신들에게 적용되는 말씀으로 각별히 주의하여 들었을 것이다. 모인 자녀들은 부모와 함께 이 율법을 들었을 것이고, 나아가 네 번째 계명에서 "안식일을 기억하여 거룩하게 지키라…너나 **네 아들**(*vu-bincha*)이나 **네 딸**(*vu-bitecha*)이나…아무 일도 하지 말라"(출 20:8, 10)라는 부분을 각별한 관심을 갖고 들었을 것이다. 또한 "네 부모를 공

경하라 그리하면 네 하나님 여호와가 네게 준 땅에서 네 생
명이 길리라"(출 20:12)라는 다섯 번째 계명이 특히 와 닿았을
것이다. 이 시내산 언약은 훗날 여호수아 시대에 이스라엘
이 요단강을 건너 약속의 땅으로 들어갈 때 온 이스라엘 백
성들에게 다시 갱신되었다(수 8:30-35).[15]

국가적인 절기들

신명기 끝부분에서 모세는 7년마다 빚이 면제되는 초막
절 기간에 행해졌던 예배에 대해 말한다. 이 예배에서 우리
는 또다시 교회의 어린아이들이 함께 있는 것을 본다.

또 모세가 이 율법을 써서 여호와의 언약궤를 메는 레위 자
손 제사장들과 이스라엘 모든 장로에게 주고, 모세가 그들
에게 명령하여 이르기를 "매 칠 년 끝 해 곧 면제년의 초막

---

15. John Calvin은 "어린아이들도 증인으로 인정받았다는 사실이 전체 이스
라엘에게 적지 않게 강조되었다."라고 하면서 눈에 띄는 문구로 이 구절에
대한 주석을 마무리했다. Calvin, *Commentaries on the Book of Joshua*,
4:233.

절에 온 이스라엘이 네 하나님 여호와 앞 그가 택하신 곳에 모일 때에 이 율법을 낭독하여 **온 이스라엘**에게 듣게 할지니, 곧 백성의 **남녀와 어린이**(*ve-hataph*)와 네 성읍 안에 거류하는 타국인을 모으고 그들에게 듣고 배우고 네 하나님 여호와를 경외하며 이 율법의 모든 말씀을 지켜 행하게 하고 또 너희가 요단을 건너가서 차지할 땅에 거주할 동안에 이 말씀을 알지 못하는 그들의 **자녀**(*vu-beneyhem*)에게 듣고 네 하나님 여호와 경외하기를 배우게 할지니라"(신 31:9-13).

이 예배에서 여호와의 율법이 온 이스라엘 백성에게 낭독되었는데, 거기에는 백성의 남녀와 어린이와 거류하는 타국인이 포함되었다(신 31:12). 모든 사람이 율법을 듣기 위해 모이는 목적은 여호와를 경외하고 그분의 율법에 순종하기 위함이었다(신 31:12). 모세는 "이 말씀을 알지 못하는" 어린이들에게 들려주어 하나님 경외하기를 배우게 하라고 했다. 이런 방식으로 온 나라가 언약의 자녀들을 문답식으로 가르치고 복음을 전하게 한 것이다. 존 칼빈은 이 의식의

목적은 어린아이들이 "하나님 경외하기를 배우게" 하는 것
이라고 하였다.

마지막으로, 그들의 자녀들을 언급하면서, 건전한 교리의
전파를 통해 하나님께 대한 순수한 예배를 계속 유지하라
는 말이 나온다. 그러므로 하나님은 율법이 단지 한 세대
안에서만 낭독될 게 아니라, 백성의 신분이 계속되는 한, 세
대를 이어가면서 계속해서 낭독되어야 한다고 명하신다.
당연히 하나님의 모든 종들은 자기들이 배운 것을 후세에
전하기 위해 주의를 기울여야 한다. 그러나 여기서 그들의
조상들이 전해준 모든 교리를 무차별적으로 권하는 것은
아니며, 그보다 하나님은 모든 세대의 모든 자를 향해 모든
권위가 자신에게 있음을 주장하신다.[16]

우리는 또 다른 국가적 절기에서 어린아이들이 예배드리
는 성도들 가운데 함께 있는 것을 본다. 유다 왕 여호사밧

16. Calvin, *Commentaries on the Four Last Books of Moses*, 2:233.

의 시대에 모압과 암몬 족속이 남유다 왕국과 전쟁을 하기 위해 모였을 때 왕은 이 위협에 다음과 같이 대응했다.

여호사밧이 두려워하여 여호와께로 낯을 향하여 간구하고 온 유다 백성에게 금식하라 공포하매 유다 사람이 여호와께 도우심을 구하려 하여 유다 모든 성읍에서 모여와서 여호와께 간구하더라 여호사밧이 여호와의 전 새 뜰 앞에서 유다와 예루살렘의 회중 가운데 서서(대하 20:3-5).

여호사밧의 칙령은 "온 유다 백성"이 함께 금식하고 온 백성이 "유다 모든 성읍에서 모여와서 여호와께 간구하라"는 것이었다. 성경은 계속해서 그 엄숙한 금식을 위해 모인 사람들에 대해 자세히 언급한다.

유다 모든 사람들이 그들의 아내와 자녀(vu-beneyhem)와 어린이(gam-tapham)와 더불어 여호와 앞에 섰더라…야하시엘이 이르되 "온 유다와 예루살렘 주민과 여호사밧 왕이여 들을지어다 여호와께서 이같이 너희에게 말씀하시기를 너희는 이 큰 무리로 말미암아 두려워하거나 놀라지 말라 이 전쟁은 너희에게 속한 것이 아니요 하나님께 속한 것이니라"(대하 20:13, 15).

"온 유다 백성"이란 어구는 단지 남자들만 가리키는 것이 아니라 그들의 아내와 어린 자녀들을 포함하는 말이었다. 그들은 원수들이 그들을 공격하려 할 때도 자녀들과 함께 여호와께 간구하였다. 그래서 매튜 풀은 이 예배가 이 어린 자녀들의 부모를 어떻게 감동시켰는지를 다음과 같이 묘사했다. "아무런 악의가 없는 연약한 자녀들을 바라보면서 그들은 비참함을 더 크게 느꼈을 것이다."[17] 이스라엘 부모들은 하나님 앞에서 어린아이 같이 되었다. 이것은 추후에 예수님의 가르침에도 등장하는 주제이다.

성전의 재건
히스기야 왕의 시대 이후로, 남왕국 유다는 바벨론의 포

---

17. Poole, *Commentary*, 841.

로가 되었다. 그들은 유배 후에 약속의 땅으로 돌아가 성전을 재건하는 일을 시작할 수 있게 되었다. 그들은 약속의 땅으로 돌아간 후에 모든 백성이 예배를 드리기 위해, 특히 그들의 죄를 자백하기 위해 모였다. "에스라가 하나님의 성전 앞에 엎드려 울며 기도하여 죄를 자복할 때에 많은 백성이 크게 통곡하매 이스라엘 중에서 백성의 남녀와 **어린아이**(*viy-ladiym*)의 큰 무리가 그 앞에 모인지라"(스 10:1). 영감받은 저자는 "어린아이"(*yeled*)에 대해 다른 단어를 사용하지만, 그것은 앞에서 어린아이에 대해 사용한 단어들과 같은 뜻을 가지고 있다. 포로가 되게 했던 자신들의 죄를 자백하며 울 때, 남자들과 여자들만 "통곡하며" 운 것이 아니라 어린아이들도 함께했다.

성경의 이야기는 성전의 기초와 제단을 재건하는 이야기로 진행된다. 그 후, 돌아온 망명자들이 또 다른 공예배를 드리기 위해 모였다. 그 예배에서, 그들은 옛날처럼 하나님의 율법을 낭독하는 것을 들었다. 우리는 어린아이들도 예배를 드리기 위해 같이 모인 것에 대해 읽는다. "일곱째 달 초하루에 제사장 에스라가 율법책을 가지고 회중 앞 곧 남자나 **여자나 알아들을 만한 모든 사람** 앞에 이르러"(느 8:2).
이 본문에 대해 매튜 헨리는 이렇게 말한다. "그곳에 모인
사람들은 모두 강제로 온 것이 아니라, 공통된 생각을 가지
고 자발적으로 모인 사람들이었다. 남자들만 온 것이 아니
라, 여자들과 아이들, 듣고 이해할 수 있는 사람은 모두 포
함되었다." 매튜 헨리는 계속해서 공예배에 가족들을 데리
고 온 가장들에게 적용되는 중요한 사실을 말한다. "여자들
과 어린아이들도 구원받아야 할 영혼을 가지고 있으며, 따
라서 하나님의 말씀을 알아가고 지식과 은혜의 수단을 접
하는 데 관심이 있다. 어린아이들은 이성을 발휘하도록 훈
련받는 것처럼 믿음을 발휘하도록 훈련받아야 한다."[18]

나중에 성전의 새 성벽을 봉헌할 때 느헤미야가 또 다른
예배를 위해 온 백성을 모았다. 제금과 비파, 수금 같은 악
기들을 가지고 노래하며 기쁨과 감사로 봉헌식을 행하기
위해 레위 사람들을 찾았다(느 12:27). 이야기는 계속해서 레
위인들이 "큰 제사를 드리고 심히 즐거워하였으니 이는 하

---

18. Henry, *Commentary*, 634; cf. Poole, *Commentary*, 895.

나님이 크게 즐거워하게 하셨음이라 부녀와 **어린아이**(*ve-bayladiym*)도 즐거워하였으므로 예루살렘이 즐거워하는 소리가 멀리 들렸느니라"(느 12:43)라고 그 예배를 묘사한다. 매튜 헨리는 "그 안에 기교가 거의 없고 훌륭하지 않더라도, 하나님은 평범한 사람들의 정직하고 열정적인 예배를 간과하지 않으시고 은혜롭게 받아주신다"라고 말했다.[19]

신약

이제 구약에서 신약으로 넘어가 살펴보면, 교회 안에서 어린아이들이 가지는 위치를 보여주는 고전적인 두 가지 예를 발견할 수 있다.

예수님과 어린이들

우리 주 예수 그리스도에 따르면, 어린아이들은 그분의 왕국에 속한 자들이다. 마가복음 10장에서 우리는 예수님

---

19. Henry, *Commentary*, 640.

과 제자들이 가버나움을 떠나 유대 지방으로 가서 요단강 건너편으로 가신(막 10:1) 이야기를 읽는다. 거기에서 "예수께서 다시 예전대로 가르치셨다"(막 10:1)고 했다. 이혼에 대한 하나님의 율법을 어기게 함으로써 예수님을 시험하고 함정에 빠뜨리려 했던 바리새인들에게 대답하신 후(막 10:2-9), 예수님은 같은 주제에 관하여 그분의 제자들을 가르치셨다(막 10:10-12). 그때 사람들이 "예수께서 만져 주심을 바라고 **어린아이들**(*paidia*)을 데리고 왔다"(막 10:13).[20] 여기서 "어린아이들"을 나타내는 데 사용된 단어는 어린 아기부터(눅 1:59; 2:17) 말을 할 수 있는 좀 더 큰 아이들(눅 7:32)까지 지칭할 수 있다. 이 사람들의 행동에, 예수님의 제자들은 "어린아이들을 데려온 이들을 꾸짖었다"(막 10:13). 이 본문의 사건은 예배와 관련되어 일어난 것은 아니지만 어린아이들을 그분 앞에, 그리고 그분의 백성들 앞에 데려오는 것에 대한 예수님의 태도를 보여준다. 제자들의 꾸짖음에 대해 예수님은 "노하시어 이르시되 **어린아이들**(*paidia*)이 내

---

20. 마태복음 19장 13-15절에 나오는 병행 구절을 참고하라.

게 오는 것을 용납하고 금하지 말라 하나님의 나라가 이런 자의 것이니라 내가 진실로 너희에게 이르노니 누구든지 하나님의 나라를 **어린아이**(*paidion*)와 같이 받들지 않는 자는 결단코 그 곳에 들어가지 못하리라"(막 10:14-15)고 하셨다.

예수님은 이 말씀을 하실 때, 제자들이 아이들을 하찮게 여기면서 그들이 예수님께 오는 것을 막으려 할 때 드러낸 어른의 오만함을 꾸짖으신 것이다. 대신 예수님은 우리가 그리스도의 이름으로 한 아이를 영접하면 이것은 곧 예수님을 영접하는 것이라고 말씀하셨다(막 9:36-37). 예수님은 이 어린아이들이 자신에게 속하였고 따라서 어른인 제자들은 하나님 나라에 들어가기 위해 그 어린아이들처럼 되어야만 한다고 말씀하셨다. 아이들은 세상의 눈으로 보기엔 하찮고 쓸모없지만 자신의 고유의 가치를 주장하지 않는 자들이다.

하나님 나라는 어린아이 "같은" 자들의 것이므로, 예수님은 제자들에게 아이들이 자신에게 오는 것을 막지 말라고 하셨다.[21] 매튜 헨리는 이 본문을 다음과 같이 적용함으

로써, 구약의 언약에 속한 자녀들과 신약의 하나님 나라에
속한 자녀들을 연관지었다.

그들은 유대 교회에 속해 있었기 때문에, 예수님은 그들을
자신의 교회 멤버로 소유하고 계셨다. 예수님은 사람들 가
운데 **하나님 나라**를 세우기 위해 오셨고, 이 기회를 빌어
그 나라가 **어린아이들**을 그 나라의 백성으로 인정하며 그
백성된 특권을 누릴 자격을 부여한다고 선포하셨다. 아니,
하나님 나라는 그런 자들에 의해 계승되어야 한다. 즉, 그
들은 어린아이일 때 그 나라의 백성으로 받아들여져서, 그
후로도 그리스도의 이름으로 일컬어지도록 보존되어야 한
다.[22]

예수님은 제자들이 자신의 가르침을 듣고 거기서 "무언

---

21. John Calvin은 이 본문에 대한 주석에서도 이 사실을 지적한다. *Harmony of the Gospels*, 2:251 – 52.

22. Henry, *Commentary*, 1800. 또한 Lane의 언급들도 참고하라, *Gospel of Mark*, 359 – 60.

가를 얻는 것"을 어린아이들이 방해한다고 여기지 않으셨다. 우리도 우리의 예배에서 어린아이들을 말씀 설교의 장애물로 여기지 말아야 한다. 사실, 예수님은 "그 어린아이들을 안고 그들 위에 안수하시고 축복하실"(막 10:16) 때 자신의 마음속에 어린아이들이 중요한 위치를 차지하고 있음을 보여주셨다.

누가복음에는 예루살렘을 향해 가시던 예수님이 마가복음 10장과 동일한 가르침을 베푸시는 장면이 등장한다. 누가는 어떤 도입이나 전환 없이, 그저 예수님이 가르치시는 동안 "사람들이 예수께서 만져 주심을 바라고 자기 **어린 아기**(*ta brephē*)를 데리고 왔다"(눅 18:15)고 말했다. 여기서 누가는 마가가 어린아이들을 표현할 때 사용한 좀 더 일반적인 용어가 아니라 아기를 뜻하는 좀 더 구체적인 단어를 사용한다. 마가복음과 마찬가지로 제자들이 보고 꾸짖었다. 예수님은 다시 한번 어린아이에 대한 자신의 태도를 드러내 보이셨다. 즉 아이들을 부르시면서, "**어린아이들**(*paidia*)이 내게 오는 것을 용납하고 금하지 말라 하나님의 나라가 이런 자의 것이니라 내가 진실로 너희에게 이르노니 누구든지 하나님의 나라를 **어린아이**(*paidion*)와 같이 받아들이지 않는 자는 결단코 거기 들어가지 못하리라"(눅 18:16-17)고 말씀하셨다.

예수님의 가르침 속에서 주목해야 할 또 한 가지 특징이 있다. 킹제임스 성경 번역가들은 마가복음과 누가복음에서 둘 다 "이런 자를 위한"(for of such)이라고 표현한 반면에, 현대의 번역본들(NASB; ESV; NIV)은 모두 "이런 자의"(to such)라는 표현을 사용한다. 킹제임스 번역은 현대의 번역본들만큼 강한 인상을 주지 않는다. 예수님이 제자들에게 가르치고 계신 요점은, 그분의 나라가 이런 어린아이들의 것이므로 그 아이들이 나머지 백성들에게 하나님 나라의 본보기라는 것이다. 이것은 어린아이와 같이 되는 사람들, 즉 겸손한 믿음과 아버지에 대한 자식의 공경심을 가진 사람들이 그분의 나라를 받게 될 거라는 뜻이다. 이것이 "천국에서는 누가 크니이까"(마 18:1)라는 질문에 대한 답변으로 예수님이 제자들에게 가르쳐주신 것이다.

예수께서 한 **어린아이**(*paidion*)를 불러 그들 가운데 세우시고 이르시되 진실로 너희에게 이르노니 너희가 돌이켜 **어린아이들**(*paidia*)과 같이 되지 아니하면 결단코 천국에 들어가지 못하리라 그러므로 누구든지 이 **어린아이**(*paidion*)와 같이 자기를 낮추는 사람이 천국에서 큰 자니라 또 누구든지 내 이름으로 이런 **어린아이**(*paidion*) 하나를 영접하면 곧 나를 영접함이니(마 18:2-5).

실천적인 면에서, 예수님이 어린아이들을 환영하는 본을 보이신 것과 그들에 대해 하신 말씀에서 알 수 있는 사실은 다음과 같다. 첫째, 그들이 그리스도께 중요한 존재이다. 둘째, 그들은 그리스도께 방해가 되거나 성가신 존재가 아니다. 셋째, 우리가 주님의 입장에서 그 아이들을 바라보고 그들과 함께 예배를 드림으로써 그들을 통해 그리스도와 우리의 관계에 대해 많은 것을 배울 수 있다. 우리는 아이들이 찬양하고, 교리를 낭독하고, 기도하고, 예배의 모든 부분에 참여하는 것을 보면서, 어른이자 부모로서 그들로부터

배울 수 있다. 하나님 나라는 그들로 가득하기 때문이다.[23]
마태복음 18장과 19장, 마가복음 10장, 누가복음 18장에
나오는 예수님 말씀의 배후 사상은 이미 시편 131편 말씀
에서 표현되었고, 우리 주님이 오시기 천 년 전부터 하나님
의 백성들이 노래했던 것이다. 그것은 또한 예수님의 가르
침을 우리 마음에 적용하기 위해 우리가 불러야 할 찬송 가
사이기도 하다.

"여호와여 내 마음이 교만하지 아니하고
내 눈이 오만하지 아니하오며
내가 큰 일과 감당하지 못할 놀라운 일을
하려고 힘쓰지 아니하나이다
실로 내가 내 영혼으로 고요하고 평온하게 하기를
젖 뗀 아이가 그의 어머니 품에 있음 같게 하였나니
내 영혼이 젖 뗀 아이와 같도다
이스라엘아 지금부터 영원까지

---

23. See the comments in Geldenhuys, *Gospel of Luke*, 454–56.

여호와를 바랄지어다."

(시 131편)

바울과 어린아이들

신약성경에 나오는 또 다른 예는 사도 바울의 글에서 볼 수 있다. 그의 두 옥중서신, 에베소서 6장 1-4절과 골로새서 3장 20절에서, 바울은 부모에 대한 자녀의 의무와 자녀를 교회의 멤버로 길러야 하는 부모의 의무에 대한 목회적 가르침을 전한다. 자녀가 부모에게 어떻게 순종해야 하며, 부모, 특히 아버지가 자녀를 어떻게 양육해야 하는지 보라.

자녀들아 주 안에서 너희 부모에게 순종하라 이것이 옳으니라 네 아버지와 어머니를 공경하라 이것은 약속이 있는 첫 계명이니 이로써 네가 잘되고 땅에서 장수하리라 또 아비들아 너희 자녀를 노엽게 하지 말고 오직 주의 교훈과 훈계로 양육하라(엡 6:1-4).

자녀들아 모든 일에 부모에게 순종하라 이는 주 안에서 기쁘게 하는 것이니라(골 3:20).

여러분이 이 말씀을 읽을 때, 에베소서 6장 1절, "자녀들
아 **주 안에서** 너희 부모에게 순종하라"라는 짧은 문구의 일
부 내용을 무심코 지나쳤을 수도 있지만, 이것은 우리의 논
의와 관련하여 상당한 의미를 갖는다. 사도 바울은 에베소
서 전체에 걸쳐, 그리스도와 그분의 백성의 관계를 묘사하
기 위해 이 작은 전치사 "in"을 여러 직접 목적어들과 함께
사용한다. 예를 들면, 바울은 다음과 같은 표현을 사용한다.

- "그리스도 안에"(엡 1:3, 10, 12, 20; 4:32)
- "그리스도 예수 안에"(엡 1:1; 2:6, 7, 10, 13; 3:6)
- "주 예수 안에"(엡 1:15)
- "예수 안에"(엡 4:21)
- "우리 주 그리스도 예수 안에"(엡 3:11)
- "주 안에"(엡 2:21; 4:17; 5:8; 6:10, 21)
- "그 안에"(엡 1:4, 7, 9, 10, 11, 13; 2:15)
- "그가 사랑하시는 자 안에"(엡 1:6)

- **"그의 안"**(엡 1:13; 2:21, 22; 3:12, 13)

먼저 이것이 의미하지 않는 것을 분명히 말하겠다. 바울이 에베소와 골로새의 교회를, "에베소에 있는 성도들"(엡 1:1) 및 "골로새에 있는 성도들 곧 그리스도 안에서 신실한 형제들"(골 1:2)이라고 불렀을 때, 그리고 어린아이들을 포함한 모두를 "주 안에" 있는 자들로 칭했을 때, 그는 그 교회 안의 모든 사람이 반드시 구원을 받았다고 말한 것이 아니었다. 다만 그가 부른 모든 사람들, 부모들과 그들의 자녀들 모두가 주님의 몸, 주님의 교회 "안에" 있음을 말한 것이다.

그러면 이 구절들은 우리 아이들과 함께 예배드리는 것과 무슨 관련이 있을까? 다시 말하지만, 나의 주장은 이 구절들에 함축되어 있는 사실에 기반하고 있다. 바울의 서신들은 필시 교회의 공예배 시간에 읽혀졌을 것이다. 그는 골로새서 4장 16절에서 "이 편지를 너희에게서 읽은 후에 라오디게아인의 교회에서도 읽게 하고 또 라오디게아로부터 오는 편지를 너희도 읽으라"고 말한다. 여기에 함축되어 있는 사실은, 골로새인들에게 보낸 서신이 읽혀질 때 바울이

골로새서 3장 20절에서 언급한 자녀들도 그 말씀을 들으면서 함께 있었을 거라고 보는 게 합리적이라는 것이다. 새 언약의 자녀들도 시내산 기슭에 있던 이스라엘 자녀들처럼 하나님의 말씀을 듣기 위한 자리에 함께 있었다.[24] 만일 공예배를 드리는 내내 어린이 교회를 운영하거나, 말씀 낭독과 설교 직전에 아이들을 어린이 교회로 보내버리는 많은 교회들의 관행이 바울 시대에 일어나고 있었다고 상상해보라. 바울의 서신들이 회중에게 읽혀지는 동안, 그 모든 아이들이 그 자리에 없었다면, 부모에게 순종하라는 바울의 실제적인 권면들은 묵살되었을 것이다. 다시 말하지만, 나는 이것이 침묵 논법이라는 걸 안다. 본문은 이 모든 얘기를 하지 않기 때문이다. 그러나 이렇게 보는 것은 합리적인 본문 읽기이다.

"자녀들아 주 안에서 부모에게 순종하라"고 말할 때 바울은 사소한 것을 말하고 있지 않다. 구약성경에서 어린아이들이 그 부모를 통해 하나님의 백성들과 관계를 맺었던

---

24. Lincoln, *Ephesians*, 403.

것처럼, 신약성경의 자녀들도 마찬가지다. 그렇기 때문에 바울은 다섯 번째 계명 "네 부모를 공경하라"를 인용한 후, 이것이 새 언약의 자녀들에게도 적용된다고 말하고 있다.

바울은 또한 이미 언급한 고린도전서 7장 14절에서 우리 아이들이 교회 안에서 차지하는 위치를 다룬다. 여기서 그는 부부 중 한 명만 신자인 분열된 가정에 대해 말한다. 이것은 그 가정과 자녀들에게 어떤 의미를 갖는가? "믿지 아니하는 남편이 아내로 말미암아 거룩하게 되고 믿지 아니하는 아내가 남편으로 말미암아 거룩하게 되나니 그렇지 아니하면 너희 자녀도 깨끗하지 못하니라 그러나 이제 거룩하니라." 이 말씀은, 남편과 아내 중 한 명만 신앙이 있어도 가족 전체가 "거룩해진다"는 뜻이다. 즉, 믿음이 있는 한 부모로 인해 자녀들이 "거룩해진다"는 것이다. 이 분열된 가정은 여전히 그리스도의 가족이며, 이스라엘의 아들 딸들이 "거룩한 씨"였던 것처럼(스 9:2; 사 6:13) 그 자녀들은 주께 "거룩하게 구별된" 그리스도인이다. 하나님은 깨진 가정이라도 가정을 통해 일하기로 선택하신다. 깨진 가정의 비극과 함께 타락의 영향을 받은 우리에게 얼마나 큰 소망이 되는 말씀인가! 그러나 우리의 깨짐을 통해 주님이 그분의 보물을 만드신다! 당신이 깨진 가정에 속해 있다면, 사도 바울에게 그의 약함 속의 강함에 대해 말씀해주신 주님의 말씀을 듣고 하나님이 당신의 가정 안에서 하실 수 있는 일을 생각해보라.

나에게 이르시기를 "내 은혜가 네게 족하도다 이는 내 능력이 약한 데서 온전하여짐이라" 하신지라 그러므로 도리어 크게 기뻐함으로 나의 여러 약한 것들에 대하여 자랑하리니 이는 그리스도의 능력이 내게 머물게 하려 함이라 그러므로 내가 그리스도를 위하여 약한 것들과 능욕과 궁핍과 박해와 곤고를 기뻐하노니 이는 내가 약한 그 때에 강함이라(고후 12:9-10).

결론적으로, 예수님과 바울의 말씀은 우리 아이들이 교회의 공예배 안에서 가지는 위치와 무슨 관련이 있는가? 요약하면, 신자들이 교회에 속하였기 때문에 그들의 자녀들이 부모와 함께 예배드리고, 설교 말씀을 듣고, 가정 예배에 참여하고, 교회의 기도 모임에 참여하고, 하나님의 백성들의 교제를 경험하고, 교회의 목사들과 장로들의 영적 가르침을 받는 등 많은 축복된 관계를 누린다는 것이다.

우리 자녀들이 교회에 속하였고, 몇천 년 동안 교회의 예배에 포함되어 왔으므로 그들은 우리의 예배에 함께해야 한다.

3장
신도석에서의 자녀 양육

이젠 나는 몇 가지 실천적인 적용에 대해 말하고자 한다. 자녀들과 함께 예배드리는 실천사항을 어떻게 시작할까? 이미 그렇게 하고 있다면, 어떻게 이것을 새롭게 할까? 어느 개혁파 선조는 돌려 말하지 않고 그의 회중에게 이렇게 권면했다.

자녀들이 어릴 때부터, 아직 아무것도 이해하지 못하더라도 교회에 데려오라. 옛날 이스라엘 백성들이 엄숙한 종교의식에 자녀들을 데려왔던 것처럼, 그들이 하나님의 일과 거룩한 예배 의식에 익숙해지게 하라. 즉, 아이들이 가만히 앉아서 당신과 함께 있는 것에 익숙해지게 하라. 아이들이 교회에서 잠을 자거나 놀거나 당신에게 말을 거는 것을 허락하지 말라. 교회에서 아이들에게 먹을 것을 주지 말고, 그 아이들이 예배 중에 얌전히 앉아 있었다면 교회에서 나갈 때 무언가를 주라.[1]

이런 조언이 우리에게 가혹하고 엄격하게 들릴 수 있으나, 실천적 요점은 같다. 즉, 이 실천사항을 그저 행함으로써 이 일을 새로이 시작하거나 혹은 묵묵히 이 일을 계속하라는 것이다. 최근 출간된 로비 캐슬맨(Robbie Castleman)의 《신도석에서의 자녀 교육*Parenting in the Pew*》이라는 책에는 따뜻하고 즐거운 접근법이 소개되어 있다. 이 장에서 나는 우리 선조들이 하던 일과 이 훌륭한 책이 한 일을 계속하기 원한다. 즉, 지금까지 아이들과 함께 예배를 드리지 않은 사람들을 돕고, 이 관행을 계속 이어갈 새로운 방법을 찾고

---

1. Koelman, *Duties of Parents*, 49. 또한 Hildersham의 *Dealing with Sin*, 18 – 19를 참고하라.

있는 자들의 기운을 북돋워주기 위해 몇 가지 유익하고 실천적인 적용점들을 제시하려 한다.[2]

예배를 위해 우리 자녀들을 훈련시켜야 할 필요성

부모들이여, 단도직입적으로 말하자면, 당신들이 자녀에게 가르칠 수 있는 가장 중요한 것은 은혜의 삼위일체 하나님을 예배하는 것이다. 당신에게 말해줄 수 있는 가장 중요한 것은, 당신이 그 책임을 받아들여야 한다는 것이다. 당신은 자녀들이 하나님을 섬기도록 훈육하라는 하나님의 부르심을 받았다.[3] 자녀들에게 "세속" 교육을 하는 것에 대해 말하는 것이 아니다. 즉 읽기, 쓰기, 연산 같은 이 세상의 것들에 대한 교육을 말하는 것이 아니라, 자녀들을 영적으로 교육해야 할 책임을 말하는 것이다. "아비들아 ⋯주의 교훈과 훈계로 양육하라"(엡 6:4)는 바울의 말을 명심하라. 이 본

---

2. 또한 Walker, "Attendance of Children in Public Worship"을 참고하라.

3. Castleman, *Parenting in the Pew*, 17.

문에 대한 매튜 헨리의 주석은 매우 적절하다. 그는 요점을 놓치지 않았다.

자녀들을 교육시키는 데 주의를 기울이는 것은 부모의 중요한 의무다. 짐승들이 하듯이 단지 자녀들을 먹여 살리기만 하는 것이 능사가 아니라, 그들의 이성적인 본성에 맞게, 교훈과 훈계로 양육해야 한다. 아니, 단지 인간의 교훈과 훈계로 자녀들을 양육하는 것을 넘어, 주의 훈계 안에서 그리스도인으로 길러야 한다. 그들이 신앙적인 교육을 받게 하라. 죄 짓는 것을 두려워하도록 가르치고, 하나님을 향한 그들의 모든 의무를 알려주고, 그것을 행하도록 격려하라.[4]

이것은 모든 세대의 부모들에게 주어진 책임이었다(신 6:1-9). 로비 캐슬맨은 우리가 앞서 이스라엘의 삶에서 살펴본 예들에 대해, "하나님은 이스라엘에게 예배를 훈련시키

---

4. Henry, *Commentary*, 2318, emphasis added.

셔야만 했다."라고 말하고 있다.[5] 하나님은 율법 안에서 예배에 관한 수많은 세부사항들을 이스라엘에게 알려주셨다(출 10:26; 레 1-7장). 하나님은 그들의 아버지로서, 어린 자녀들이 새 언약 안에서 성숙해질 때까지 가르치신 것이다. 사도 바울도 "율법이 우리를 그리스도께로 인도하는 초등교사"(갈 3:24), 즉 인스트럭터, 스승이라고 말한다. 우리도 지침을 얻기 위해서 하나님과 그분의 말씀에 의존할 수 있다.

우리 자녀들이 하나님을 예배하도록 가르칠 필요성은 매우 시급하다. "십대들은 종교를 받아들이지만 기독교에 열광하진 않는다"는 제목의 바나 리서치 그룹의 최근 연구는 이 절박함을 잘 보여준다.[6] 이 연구는 어른들보다 더 많은 십대들이 교회에 기반을 둔 활동들에 폭넓게 관련되어 있으며, 열 명 중 일곱 명 이상의 십대들이 주중에 교회와 관련된 일에 참여하고 있음을 보여주지만, 동시에 두려운 미래를 보여주었다.

---

5. Castleman, *Parenting in the Pew*, 19.

6. Barna, "Teenagers Embrace Religion."

그들이 독립해서 살아갈 때 계속해서 교회 생활에 참여할 가능성을 추정해보라고 한다면, 세 명의 십대 중 한 명 정도로 수치가 급격히 하락한다. 이것은 십 년 넘게 바나 리서치가 기록해 온 십대들의 예상 참여율 중 가장 낮은 수준을 나타낸다. 이 예측대로 된다면, 앞으로 10년 안에 교회 출석교인 수가 상당히 감소할 것이다.

우리는 손 놓고 기다려서는 안 되며 더 기다릴 수도 없다. 지금 당장 자녀들에게 예배를 가르치고 주의 교훈과 훈계로 양육할 기회를 잡아야 한다. 나는 그 훈련의 중심 요소로서 자녀들을 공예배에 참여시킬 것을 주장하고 있다.

어렵지만 바람직한 것

남캘리포니아 해변 지역에 개혁교회가 하나도 없을 때 개혁교회를 개척한 목사로서, 또한 아버지로서, 나는 예배 시간에 꼼지락거리고 시끄럽게 하는 아이들로 인한 어려움을 잘 안다.[7] 나는 그것을 매주 경험한다. 우리 예배에 처음으로 참석한 사람에게, 그리고 자녀를 낳고 아이를 예배에 데려오기 시작하는 교인에게, 이것은 어렵고 걱정스러운 경험이다. 자녀들을 각기 연령에 맞는 교회 학교에 보내는 데 익숙한 사람들 눈에는 아이와 함께 예배드리는 것이 이상하게 보일 수 있다. 어머니이자 목회자의 아내이고 대학 교수이기도 한 캐슬맨은 그녀의 탁월하고 유익한 책에서 이것을 잘 표현하고 있다.[7]

예배는 우리 부모들이 자녀들 외에 다른 것에 집중하고 싶은 시간 중 하나일 수 있다. 아이들은 교회에서 주의를 산만하게 하고, 화를 돋우며, 우리를 난처하게 만들 수 있다. 자녀와 함께 신도석에 앉아 있는 것이 매우 힘든 일이 될 수 있다. 아이들에게 주의를 기울이다 보면 예배에 덜 집중하게 될 수도 있다. 그냥 집에 있거나 적어도 아이들을 예배당 밖에 두고 싶은 유혹은 매우 현실적이다. 하나님과 자

---

7. Riddlebarger, "Squirming and Noisy Children"을 참고하라.

녀들에게 동시에 주의를 집중하기는 어렵기 때문이다.[8]

따라서 교회로서 우리가 자녀들에게 예배를 가르치는 이 어려운 임무를 행할 때, 서로를 용납하고 받아주어야 한다. 나이 든 성도들은 젊은 성도들을 격려해주어야 한다. 부모가 훈육을 위해 아이를 밖으로 데리고 나가는 경우에, 우리는 짜증을 내지 말고 자녀를 예배자로 양육하려는 부모의 노력을 보고 격려받아야 한다.

자녀들과 함께 예배드리는 것은 어렵고 종종 매우 지치는 일이기도 하지만, 그것은 바람직한 일이다. 당신의 인내를 보상해줄 영적 축복들을 바라보라. "주의 날"(계 1:10)의 목적을 기억하라. 그러면 아이들과 함께 예배드리는 이 땅의 일시적인 어려움들을 영원한 하늘나라의 관점에서 바라볼 수 있을 것이다. 주의 날은 단지 이 땅에서의 일시적, 육체적 휴식(어린아이들과 함께 있을 땐 심지어 이것이 불가능해 보일 수도 있다)을 위한 날에 불과한 것이 아니다. 그날은 하나님께 예

---

8. Castleman, *Parenting in the Pew*, 15 - 16.

배드리면서 은혜의 삼위일체 하나님의 임재 안에 있는 날이다. 그날은 하늘에 속한, 영원하고 영적인 안식을 위한 날이다.[9] 공예배의 본질은 우리가 어떤 일을 해서 무언가를 얻어내는 데 있는 것이 아니다. 공예배는 무엇보다 하나님이 우리를 섬겨주시는 것이다. 이것을 기억하면서 아이들과 함께 예배드리는 모든 어려움을 영원한 하늘나라의 관점에서 보아야 한다.[10] 하나님이 그의 성령의 능력 안에서 우리가 주 예수 그리스도와 더불어 교제하도록 우리를 인도하시므로, 예배에서 가장 중요한 것은 하나님의 은혜다. 하나님은 설교, 세례식, 성찬식, 기도와 같은 외적 수단을 사용하사 이 일을 행하신다. 우리를 위한 주님의 섬김은 우리를 영적인 안식과 회복으로 인도한다. 하나님의 섬김은 우리의 반응을 불러와서, 우리는 찬송하고, 기도하고, 헌금하며 하나님을 섬긴다. 그리고 교제 안에서 서로를 섬김으

---

9. 주일에 대한 간단한 설명을 보려면 Hyde의 "Primer on the Lord's Day"를 참고하라. 좀 더 긴 설명을 보려면 Campbell의 *On the First Day*; Dennison의 *Market Day of the Soul*을 보라.

10. Hyde, *What to Expect, in reformed worship*, 5 – 10.

로써 하나님을 섬긴다.

나는 매우 날카로운 질문을 당신에게 던지려 한다. 당신은 주의 날에 우리를 섬기시려는 하나님의 목적이 당신의 자녀들 때문에 방해된다고 믿는가? 우리는 자연히 그렇게 생각하는 성향이 있다. 예수님은 우리가 그런 성향이 있음을 아시기 때문에 어린아이들을 제자들의 모임 가운데 데려오신 것이다. 앞에서 보았듯이, 예수님의 제자들도 어린아이들이 하나님의 목적에 방해가 된다고 생각했다. 그래서 어린아이들을 예수님께 데려온 자들을 꾸짖었던 것이다 (막 10:13). 하지만 감사하게도, 우리 주 예수님은 제자들처럼 생각하지 않으셨다.

예수께서 보시고 노하시어 이르시되 어린 아이들이 내게 오는 것을 용납하고 금하지 말라 하나님의 나라가 이런 자의 것이니라 내가 진실로 너희에게 이르노니 누구든지 하나님의 나라를 어린 아이와 같이 받들지 않는 자는 결단코 그 곳에 들어가지 못하리라 하시고 그 어린 아이들을 안고 그들 위에 안수하시고 축복하시니라(막 10:14-16; 마 19:13-15;

눅 18:15-17; 비교구절 시 8:2; 78:1-8).

우리는 아이들이 우리와 함께 예배를 드릴 수 있게 환영해주어야 한다. 위의 어린아이들처럼, 우리 자녀들도 예수님 앞에 나아가 그분의 영적 양분을 공급받아야 하기 때문이다.

마음의 방향 전환

당신의 자녀들이 교회에 가기만 하면 혹은 예배를 방해하지 않고 그냥 얌전히 앉아 있어 주기만 하면 당신의 임무를 다한 것이라고 생각하지 않으면 좋겠다. 우리는 자녀양육에서 달성하려는 것에 대해 마음의 방향을 전환해야 한다. "교회에 가는 것"과 "예배드리러 가는 것"의 차이는 무엇인가? 여기서 교회에 가는 것은 수동적인 것, 의무감으로 행하는 것, 지나치게 엄숙한 것을 말한다. 예배드리러 가는 것은 적극적인 참여자가 되는 것, 그리스도께서 우리를 위해 획득하신 "자유"로 나아가는 것(갈 5:1), 기쁨으로 나아가는 것이다. "사람이 내게 말하기를 여호와의 집에 올라가자 할 때에 내가 기뻐하였도다"(시 122:1). 캐슬맨의 말처럼 "신도석에서 자녀를 양육하는 것은 번거로운 일일 수 있으나, 또한 거룩한 일이 될 수도 있다. 그것은 우리가 누구이며 우리 자신을 어떻게 바라보느냐에 달려 있다. 우리는 아이들과 함께 '교회'에 앉아 있는가 아니면 '예배'에 앉아 있는가?"[11] 우리가 예배에 참석하는 것은 그것이 그리스도인으로서 우리 삶의 최고 절정이기 때문이다. 우리는 "여호와를 경외함으로 섬기고 떨며 즐거워"(시 2:11)하기 위해 나아간다. 우리는 "경건함과 두려움으로 하나님을 기쁘시게 섬기기" 위해 나아간다. "우리 하나님은 소멸하는 불"이시기 때문이다(히 12:28-29). 우리는 간절함과 기대를 가지고 나아간다. 하늘과 땅의 주님이 은혜로 우리를 섬겨주시고 또 우리를 불러 감사 안에서 자신을 섬기도록 우리를 만나주시기 때문이다. 스가랴 선지자는 새 언약 안에서의 예배를 이와 같이 묘사했다. "그 날에는 말이 다른 이방 백성 열 명이

---

11. Castleman, *Parenting in the Pew*, 30.

유다 사람 하나의 옷자락을 잡을 것이라 곧 잡고 말하기를 하나님이 너희와 함께 하심을 들었나니 우리가 너희와 함께 가려 하노라 하리라"(슥 8:23). 하나님은 특히 거룩한 예배에서 그분의 백성들과 함께하시므로, 우리는 그분께 마음을 집중하고 그 중요한 집회에 우리 아이들을 데려가자.

가장 큰 걸림돌

당신이 진지하게 고려해야 할 또 한 가지 실천적 포인트는 예배에서 당신의 자녀들에게 가장 큰 걸림돌은 예배가 따분하거나 아이들 수준에 맞지 않은 것이 아니라 부모로서 당신이 거룩한 예배를 소중히 여긴다는 것을 말과 행동으로 보여주지 못하는 것이다. 이 말을 마음에 새겨두라. 예배는 가르치는 것이라기보다 몸에 배게 하는 것이다. 이것은 무엇을 의미하는가? 우리 자녀들이 예배에 대한 우리의 설명을 통해 배우는 것보다 예배에 직접 참석함으로써 배우는 것이 더 많다는 뜻이다. 당신의 자녀들은 의무와 기쁨의 차이를 느낄 수 있다. 당신이 시큰둥한 태도를 보이면 아이들은 당신의 그런 태도를 본받을 것이다. 당신이 아이들에게 예배가 중요하다는 것을 보여주지 않으면 그들은 예배가 중요하지 않다고 믿게 될 것이다. 부모로서 당신은 자녀들에게 하나님을 예배하는 것의 의미와 가치를 보여주는 가장 중요한 본보기이다. 자녀들이 당신과 함께 예배를 드릴 때 그들은 주일마다 당신의 본을 유심히 바라보면서 예배를 직접 경험함으로써 예배에 대해 배울 수 있다. 당신이 "사도의 가르침을 받아 서로 교제하고 떡을 떼며 오로지 기도하기를 힘씀"(행 2:42)으로써 초대교회의 본을 따를 때, 당신의 자녀들은 당신이 낭독되는 성경 말씀과 설교 말씀을 얼마나 갈급한 마음으로 듣는지, 어떻게 "손님을 대접할"(히 13:2) 뿐 아니라 "친구들의 이름을 들어 문안하는지", 즉 교회에 방문하는 사람들을 어떻게 대접하는지, 성찬식의 떡과 잔을 받을 때 얼마나 경건하게 참여하는지, 얼마나 간절하게 머리를 숙이고 기도하며 순전한 기쁨을 띤 얼굴로 하나님을 찬양하는지 보아야 한다. 당신은 하나님께 드리는 예배를 사랑해야 한다. 그래야 당신의 자녀들이 예전(예배 순서)을 통해 그분을 사랑하는 법을 배울 것이다. 결국 당신이 소유하지 않았거나 먼저 자신에게 전하지 않은 것을 자녀들에게 전할 수는 없다.

자녀들을 이해하기

이 책의 첫 부분에서 발달심리학이 어린이들에 대한 교회의 태도를 예배의 관점에서 교육의 관점으로 바꾼 것에 대해 이야기했다. 그러나 목욕물과 함께 아기까지 버리라는 뜻으로 이 말을 이해해선 안 된다. 우리는 자녀들이 예배를 더 잘 드리도록 가르치는 법을 배우기 위해 그들이 어떻게 배우고 성장하는지를 알아야 한다.[12]

예를 들어, 부모들은 두 살 이하의 아이들과 함께 예배드리는 것이 얼마나 지혜로운 일인가를 깨닫고 놀랄 것이다. 틀림없이 이 아이들 중 일부는 가만히 있지 못하고 주변 사람들을 산만하게 할 것이다. 그러나 그 아이들이 좀 더 자

---

12. 이 섹션은 Sandell, *Including Children in Worship*, 25 – 28의 도움을 받았다.

라서 유아기가 되면 다음과 같은 것을 가지고 예배에 참석하게 된다.

- 다소 제한된 주의 집중 시간
- 무한해 보이는 에너지
- 모든 것에 대해 점점 더 커지는 호기심

이런 요소들이 결합하여 부모의 인내심을 테스트할 수 있으나, 자녀와 부모 자신의 경험을 좀 더 편안하고 고매하게 만들기 위해 부모들이 할 수 있는 몇 가지 일들이 있다. 유치원에 다니는 연령의 아이(3-5세)는 다음과 같은 새로운 큰 능력을 가지고 예배를 드릴 수 있다.

- 설교를 집중해서 들을 수 있는 더 큰 능력
- 찬송을 부르고, 성경 말씀을 듣고, 주보에 나온 예배 순서를 따라갈 수 있는 더 큰 능력
- 정보를 체계적으로 정리하여 암기하고 그 정보를 기록할 수 있는 능력

분명히 우리 아이들은 자라면서, 예배를 드릴 수 있는 능력도 자란다. 부모로서 우리는 자녀들의 특별한 역량과 능력을 민감하게 의식할 필요가 있다. 이런 능력들을 염두에 두고, 그리스도인 부모로서 우리는 사랑하는 자녀들이 교회의 예배에 더 잘 참여하도록 훈련시킬 수 있다. 자녀들의 능력과 필요에 민감하면 공예배가 당신과 아이들과 모든 성도들에게 더 즐겁고 의미 있는 경험이 되도록 만들 수 있다.[13] 또한 모든 부모와 자녀들이 이 모든 일에 있어 각기 다른 지점에 있음을 모든 성도가 이해할 때, 그들의 어려움에 대해 더 인내하며 온화하게 반응할 수 있을 것이다.

부모들을 위한 기초 사항

이제 나는 하나님의 임재 안에서 예배드리는 경이로움을 알도록 자녀들을 훈련시키고자 하는 부모(또는 예비 부모)를

---

13. 이것에 관하여는 Ng and Thomas, *Children in the Worshipping Community*와 Sandell, *Including Children in Worship*를 참고하라.

위해 기본적인 조언을 하고자 한다. 이것은 순전히 내가 나름대로 준비한 목록일 뿐 절대로 완벽한 것은 아니다. 당신의 가정과 교회의 상황에 맞게 다음 목록에서 가감하거나 수정할 수 있다.

가정에서의 훈련

예배를 위한 첫 훈련장은 가정이다. 예를 들면, 당신이 식사 기도를 하는 동안 유아기의 자녀가 잠시라도 조용히 앉아 손을 모으고 있도록 훈련시킴으로써 공예배에서 기도하는 훈련을 시킬 수 있다. 당신이 성경 이야기를 읽어주는 동안 당신의 무릎에 앉히고, 그 이야기에 대해 질문할 때 대답하게 함으로써, 설교를 듣기 위한 훈련을 시키라. 가정에서 찬송을 부름으로써 교회에서 자주 부르는 찬송가를 부를 수 있도록 훈련시키라. 우리 집에서는 아이들이 잠자리에 들기 전에 이것을 한다. 잠시 후 그들은 노래를 배울 뿐만 아니라 따라 부르기 시작하고 심지어 제일 좋아하는 찬송을 불러달라고 요구하기도 한다. 가정에서의 이 모든 예배 훈련들은 자녀들을 훈련시켜 그들이 주일날 적절

히 행하게 할 수 있다.[14]

유아실을 이용하는 것

당신의 교회가 유아실, 자모실, 또는 아기들을 위한 방 중에 무엇을 제공하든, 이와 상관없이 생각해봐야 할 것이 몇 가지 있다. 첫째, 돌봄이 필요한 연령의 아이를 최대한 예배 장소에 데리고 있도록 노력하라. 이것은 아주 어릴 때부터 그들에게 예배드리는 법을 가르쳐주기 위함이다. 둘째, 꼭 필요할 때만 그런 시설을 이용하라. 당신은 어느 주일에 예배가 길어지거나 혹은 당신의 자녀가 가만히 있지 못할 때라도, 당신이 예배가 흥미 있는 동안만 또는 당신의 자녀가 놀러 나가기 원할 때까지만 예배에 머물러 있다는 메시지를 아이에게 전달하면 안 된다. 셋째, 당신이 최선을 다

---

14. 이 책은 예배에서 어린아이들의 자리에 초점을 두고 있지만, 가정의 교리문답과 기도의 개혁된 실천사항에 관한 다음과 같은 유용한 글과 책들도 찾아보아야 한다. Alexander, *Thoughts on Family Worship*; Beeke, *Bringing the Gospel to Covenant Children, Family Worship,* and *Family at Church*; Hyde, "Little Parish"; Johnson, *Family Worship Book*; Van Dyken, *Rediscovering Catechism*; Whitney, *Family Worship*.

해 노력함에도 불구하고 당신의 자녀가 돌아다니거나 시끄럽게 굴 때가 있을 것이다. 당신의 자녀가 조용히 하려 하지 않으면 빠른 훈육을 위해, 그리고 다른 예배자들을 위해 아이를 데리고 나가라. 우리 교회에는 어린 자녀들이 크게 떠드는 경우 그들을 데리고 갈 수 있게 예배당 뒤쪽에 마련된 구역이 따로 있다. 그런 구역에 머물더라도, 당신이 여전히 다른 성도들과 함께 예배당에 있는 것처럼 기도하고, 찬송하고, 말씀을 낭독하고, 설교를 경청하면서 자녀를 대하라. 또한 어떤 보육시설이 제공되든 당신이 그것을 이용할 필요가 있다면 부끄러워하지 말고 자유롭게 이용하라. 당신의 교회가 유아실, 자모실, 또는 아기들을 위한 방 중에서 무엇을 제공하듯, 그것은 당신이 어린 자녀들을 훈련시킬 때 일시적으로 도움을 주기 위한 것이다.[15]

예배를 위한 준비

온 가족이 예배를 위해 준비하는 습관을 들이는 것 또한

---

15. 이것에 관하여는 Brown, "Cry for the Cry Room"를 참고하라.

중요하다. 주일은 "기독교의 안식일"이고(웨스트민스터 신앙고백 21.7; 웨스트민스터 대요리문답 제116문; 웨스트민스터 소요리문답 제59문), "우리는 마음을 준비시켜야 하며, 세상의 일들을 미리 예상해서 부지런히 적당히 조절하고 제때에 적절히 처리하여 주일의 의무를 좀 더 자유롭고 합당하게 행할 수 있게 해야 한다"(웨스트민스터 대요리문답 제117문). 우리의 마음과 몸이 "감사함으로 그 앞에 나아가기 위해" 준비되어야 한다(시 95:2; 100:2). 다음은 주일을 미리 준비하기 위한 몇 가지 방법들이다.

- 하나님을 예배하는 데 집중할 수 있도록 충분한 휴식을 취하라.
- 가족이 또는 더 낫게는 회중이 "그 주의 찬송" 또는 "그 달의 찬송"을 정하라. 이것은 온 가족과 회중이 같은 노래를 배우도록 권장한다.
- 자녀들과 함께 예배드리러 가기 전에, 주일예배에서 낭독될 성경 본문을 미리 읽으라. 교회의 예배 순서가 웹사이트에 게시되어 있지 않거나 이메일로 보내주지 않

는다면, 목사님께 부탁하라. 반복은 기술(skill)의 어머니이며, 강단에서 익숙한 말씀이 들려오면 어린아이의 얼굴이 정말로 환해지기 때문이다.

- 당신은 또한 예배의 어느 한 부분을 택하여 어린 자녀가 그 부분의 활동에 참여할 수 있도록 준비시키고, 여러 주와 여러 달에 걸쳐 그 위에 점차 쌓아올리게 할 수 있다.

또한 당신은 주일날에 그날의 예배를 이렇게 준비할 수 있다. 다음은 그 몇 가지 예들이다.

- 시간의 여유를 두고 일찍 도착하라.
- 어린 자녀들이 있다면, 예배당 앞자리에 앉아서 아이가 예배에 사용되는 기구들, 즉 강대상, 세례반, 테이블 등을 뚜렷이 볼 수 있게 하는 것을 고려하라.
- 세례식, 임직식, 성찬식 등 이번 주 예배의 특별한 부분에 대해 이야기하라. 당신은 정규적인 예배의 요소들을 자녀가 예상할 수 있게 만듦으로써 신도석에서의 예배

를 준비할 수 있다. "우리는 이번 주에 가정에서 요셉에
대해 읽었어. 목사님이 요셉에 대해 뭐라고 말씀하실 것
같니?" "오늘 아침엔 무슨 찬송을 부를까?" "어쩌면 우
리가 처음 온 사람이나 연로한 어르신 옆에 앉아서 그분
들이 예배를 더 잘 드릴 수 있게 찬송가를 찾는 걸 도와
드릴 수도 있어."

목표와 요구사항

준비의 한 부분은 당신의 가족과 자녀들을 위해 예배를
드리는 태도와 관련된 목표를 정하는 것이다. 내 아내의 대
학 배구팀의 모토는 이것이었다. "계획을 세우지 않는 것은
실패를 계획하는 것이다." 목표를 세우는 것은 예배를 위해
자녀들을 성공적으로 훈련시키는 길을 마련해줄 것이다.
또한 이 목표들을 당신의 자녀들에게, 특히 좀 더 큰 자녀
들에게 말해주어야 한다는 걸 잊지 말라.

- 예배 순서에 따라 앉거나 일어선다.
- 똑바로 가만히 앉아 있는다. 누워 있듯이 앉아 있거나

꼼지락거리거나 기어다니지 않는다. 하나님과 주변의 예배자들에 대해 존경하는 태도를 취한다.

- 성경책, 찬송가책, 주보를 펼 때는 최대한 조용히 한다.
- 깨어 있는다. 잠을 자는 것은 예배가 중요하지 않다고 말하는 것과 일반이다. 어린아이들에게는 메모를 하거나 그림을 그리는 것이 도움이 된다.
- 앞을 쳐다보고, 주위를 두리번거리거나 뒤를 보지 않는다.
- 예배 도중에는 화장실에 가지 않는다. 도중에 나가는 것은 예배가 별것 아니라고 말하는 것과 일반이다.

예전에 참여하기

주일을 위해 준비했으므로 당신은 예배드릴 준비가 되어 있다. 이제는 당신의 교회에서 사용하는 예전에 자녀들이 참여하도록 도와주어야 한다. 나이가 좀 되는 아이들에게는 주보나 기도서, 찬송가, 성경책을 주라. 그러면 아이가 스스로를 예배의 참여자로 느끼는 데 도움이 된다. 예배 시간에 아이와 함께 짧은 기도문, 응답문, 성경 암송문 등을 읽거나 암송하라. 예를 들면 주기도문, 사도신경, 십계명, 그리고 그밖에 특별한 예배에서 행하는 예전이 있을 것이다. 예배드리는 동안 지금 뭘 하고 있는지에 대해 자녀들에게 조용히 속삭여도 된다. 아이들에게 설명을 해주고 질문을 하라. 이것은 아이들을 참여시키는 데 도움이 된다.

기도에 참여하기

자녀들에게 예배 중에 드려지는 기도, 특히 목회 기도나 중보 기도에 참여하도록 가르치는 한 가지 방법은 주의를 집중해서 그러한 기도에 동참하게 하는 것이다. 꿀만은 그의 책에서 이렇게 말했다.

설교와 교리문답 강의 전후에 사역자들이 하는 기도를 자녀들이 주의 깊게 듣게 하라. 이런 기도들 안에서 그들은 여러 가지 다양한 표현들, 하나님께 그런 것들을 구할 수 있는 성경적 "근거들"에 대해 정기적으로 듣게 될 것이다 (적어도 사역자들이 책에서 인용한 것이든 스스로 쓴 것이든 틀에 박힌 기도문을 사용하지 않는다면 말이다). 아이들에게 그 기도들 안에서 무엇을 보았는지, 목회자들이 어떻게 죄를 고백하는지, 어떻게 은혜와 용서를 구하는지, 나라와 교회와 사역자들과 권위자들과 병자들과 불쌍한 사람들을 위해 어떻게 하나님께 간구하는지 물어보고, 그들도 가능한 한 그렇게 기도해야 한다고 말해주라.[16]

핵심은 자녀들이 어릴 때부터 목사의 기도 시간이 잠을 자는 시간이 아니라 하나님께 경의를 표하는 법을 배우는 시간이라는 걸 가르쳐야 한다는 것이다. 이것은 아주 어릴 때 잠시 동안 조용히 앉아 있는 것부터 시작해서, 좀 더 크면 1, 2분 동안 손을 모으고 눈을 감는 것, 그리고 결국은 전체 기도에 참여하는 것으로 발전한다.

말씀에 참여하기

말씀 읽기와 설교에 참여하기 위해선 먼저 자녀들 앞에 성경이 펼쳐져 있어야 한다. 아직 아이들을 위한 성경책을

---

16. Koelman, *Duties of Parents*, 97 –98.

마련하지 않았다면 신도석에 비치되어 있는 성경책을 사용하라. 말씀을 읽는 동안 아이들이 듣게 하고, 성경에서 눈에 띄는 단어들이나 찬송할 때 들어본 단어, 또는 예배를 준비하면서 들은 기억이 나는 단어들에 동그라미를 치게 하라.

설교가 시작되었다는 것은 조금 더 큰 자녀들이 필기를 시작해야 한다는 신호다. 아이가 자랄수록 기록하는 것도 많아진다. 처음엔 어린 자녀가 낙서를 하거나 뭔가를 끄적거릴 것이다. 설교 시간에 듣는 것을 그림으로 그릴 수도 있다. 개별적인 단어나 이름들이 각각의 그림을 이끌어낸다. 당신은 설교에서 자주 사용될 단어 하나를 선택할 수 있다. 그래서 아이가 주의 깊게 듣다가 그 단어가 나올 때마다 노트에 체크 표시를 하게 하라. 좀 더 큰 아이들의 경우, 매주 예배시간에만 사용하는 특별한 패드에 기록을 하기도 한다. 당신이 기대하기도 전에 아이는 아마 설교의 개요를 파악하고 전체적인 개념을 기록할 것이다. 꿀만이 6세에서 12세 사이의 아이들에 대해 한 말을 들어보라.

그 아이들은 교회에 가서 그저 몇 가지만 기억해서 집에 오는 것이 아니라, 교회에 있는 동안 설교를 최대한 많이 기록해야 한다. 아이들에게 설교의 여러 부분을 구별하는 법을 가르치라. 즉 도입, 자료의 구분, 본문 설명, 그에 따른 교훈, 증거가 되는 구절, 논증의 과정, 적용 등이 있다. 그 적용이 어떻게 우리를 책망하고, 경고하고, 자신을 돌아보게 하고(이 시점에서 대개 믿음의 진실성의 표지들이 다루어진다), 위로하고, 충고하고, 권면하기 위해 만들어졌는지 알려주라. 그와 관련해서 자비의 근거와 은혜의 수단이 대두된다.[17]

봉헌에 참여하기

당신의 자녀를 예배에 참여시키는 방법 중 하나는 아이들이 가족의 일주일 십일조와 헌금을 내게 하는 것이다. 아이들이 좀 더 크면, 그들의 돈을 내게 하고 헌금의 의미를 가르쳐야 할 것이다. 내 아내와 내가 우리 아이들에게 강조한 것 중 하나는, 헌금을 드릴 때 "하나님, 감사합니다"라고 말해야 한다는 것이다. 아이들이 어릴 때부터 그런 짧은 어

---

17. Koelman, *Duties of Parents*, 57.

구와 함께 봉헌하게 해서 봉헌이 무엇인지 가르치면 매주 하나님께 감사하는 자세를 더 강화해줄 수 있다.

세례식에 참여하기

마지막으로, 당신이 자녀에게 참여하도록 가르칠 수 있는 또 한 가지 예배의 요소는 세례식이다. 첫째, 당신의 자녀에게 미리 세례식이 있을 것이라고 설명해주라. 이것은 세례가 무엇인가에 대한 중요한 질문들로 이어진다. 둘째, 세례식이 있는 주일에 교회의 앞좌석에 앉아서, 아이들이 통로에 서서 볼 수 있게 해주거나 높이 안아올려서 어린아이들이 성례전의 집행을 지켜볼 수 있게 해주라. 셋째, 예배 후에 아이들을 데리고 걸어가서 세례반을 보여주라. 그렇게 하면 아이들로부터 가장 놀라운 질문들을 이끌어낼 수 있을 것이다. 우리 큰 아들은 물이 담겼던 유리그릇을 제거하여 움푹한 공간이 드러난 세례반을 보여주자 "아빠, 아기가 그 안으로 들어가는 거예요?"라고 물었다.

예배를 적용하기

예배 의식이 끝나고 집으로 돌아왔다고 해서 다 끝난 것이 아니다. 당신은 자녀들에게 예배를 적용하기 위해 애써야 한다. 집에 오는 길에 차 안에서, 점심을 먹으면서, 그리고 아이들의 기억에 생생하게 남아 있는 동안 아이들에게 예배에 대해 이야기하라. 아이들이 본 것, 들은 것, 행한 것에 대해 이야기를 나누라. 또한 예배에 대한 아이들의 질문들에 대답해주는 시간을 가지라. 특히 집에 오는 길에 전체적인 예배가 어떠했는지뿐만 아니라 설교 시간에 들은 하나님의 말씀에 대해 이야기하라. 당신의 교회가 교회력에 속한 어떤 날을 기념한다면, 그런 날들의 의미와 그런 날들이 가리키는 것이 무엇인지 논하라. 물론 그것은 바로 예수 그리스도이다.[18]

신도석에서 자녀들을 양육하기 위해 할 수 있는 가장 중요하고 간단한 일 중 하나는, 아이와 함께 예배드리는 것에

---

18. 예를 들면, Boling의 화려한 삽화가 들어간 책, *Come Worship with Me*를 보라.

대한 당신의 기쁨을 열정적으로 표현하는 것이다. 당신 주변에 아이들이 앉아 있다면, 그들에게도 똑같이 하여 신도석에서 자녀를 양육하는 기쁨을 퍼뜨리도록 하라.

교리문답으로서의 예전

여기까지 언급한 실천적 조언들을 이제 한 가지 주요 사상으로 요약하고자 한다. 나는 예전, 또는 예배 순서에 대한 이야기로 이 장을 마칠 것이다. 당신의 교회는 그 자체로 당신의 자녀들을 위한 교리문답 강사 또는 선생이다. 우리들 대부분은 삶의 어떤 면에서 능숙해지려면 그것을 계속 반복해야 한다는 것을 알고 있다. 인간으로서 우리는 처음부터 좋은 남편이자 좋은 아버지로 태어나지 않는다. 대신 그것은 오랜 시간에 걸쳐, 때로는 힘들게 배우고 연습해야 하는 것이다. 예를 들면, 좋은 남편은 아침에 아내와 헤어지기 전에, 저녁에 다시 만날 때, 밤에 잠자리에 들기 전에, 반복해서 아내를 안아주고 키스해준다. 결혼 전문가들은 이것을 지루한 반복으로 여기지 않고, 건강한 습관으로 여긴다. 한마디로, 반복은 기술(skill)의 어머니다. 그렇기 때문에 반복이라고 해서 반드시 죽은 형식이 아니고, 즉흥적 자발성이라고 반드시 좋은 것만은 아니다. 우리 중 일부는 그와 다르게 배웠을지도 모르지만 말이다.

"예전" 혹은 공예배의 순서, 행위, 말, 의식들은 우리와 우리 자녀들의 중요한 선생이다. 지금 당신이 "아니 '예전'이라고요?"라고 말하기 전에, 이것이 지겨운 것이 아님을 확실히 말해두려 한다. 비록 나처럼 당신도 그렇게 배웠을지 모르지만 말이다. 예전을 뜻하는 영어 "liturgy"는 고대 헬라어 단어 "leitourgia"에서 온 말이다. 그것은 일반적으로 모든 종류의 의식을 뜻할 수 있으나, 구체적으로는 종교적인 의식을 나타낸다. 그러므로 모든 교회는 예전을 사용한다. 로마 가톨릭교회나 죽은 "전통적" 교회들만 예전을 사용하는 것이 아니라, 세상의 모든 예배 의식은 예전을 사용한다. 특정 교회의 예배가 체계적이든 느슨하든, "예전"을 주보에 게시하고 따르든 그렇지 않든, 모든 교회는 예배를 드릴 때마다 예전이 있다. 질문하는 교사와 대답하는 학생처럼, 소위 소크라테스식 문답법[19]으로, 모든 교회의 예전은 예배자들을 문답식으로 가르친다.[20]

앞에서 말한 것처럼, 삶의 기술(skill)은 반복을 통해 배우는 것이다. 이것은 또한 하나님의 사람들과 함께 예배드리는 법을 배우는 경우에도 해당된다. 반복은 악습이 아니라 미덕이다. 예를 들어, 최근의 교육 관련 서적에 나오는 인지심리학 분야의 한 연구 결과에 따르면, 어떤 수학적 기술에 80퍼센트 능숙해지려면 24회 이상의 반복적 연습이 필요하다고 한다.[21] 이 책의 저자들은 "새로운 내용을 배우는

---

19. 교리교육에 대한 탁월한 해설을 보려면 Sayers, "Lost Tools of Learning" 과 Clark, "Why We Memorize the Catechism"을 참고하라.

20. "교리문답"(catechism)이라는 단어는 신약성경에 8번 나오는 *katēcheō* 라는 동사에서 온 것이다. 누가는 일반적 가르침에 대해 이 단어를 두 번 사용하고(행 21:21, 24) 구체적으로 기독교 신앙에 대한 가르침에 대해 두 번 사용한다. 아볼로는 "주의 도를 배웠고[*katēchēmenos*]"(행 18:25) 누가는 데오빌로에게 "알고 있는 바를 더 확실하게 하려 함이로라"(눅 1:4; *katēchēthēs*)고 말했다. 바울은 오로지 종교적 가르침에 대해서만 이 동사를 네 번 사용한다. 그는 유대인들에 대해 "율법의 교훈을 받아 [*katēchoumenos*]"(롬 2:18)라고 말했다. 그는 그리스도인들이 받는 교육에 대해 "그러나 교회에서 네가 남을 가르치기[*katēchēsē*] 위하여 깨달은 마음으로 다섯 마디 말을 하는 것이 일만 마디 방언으로 말하는 것보다 나으니라"(고전 14:19)고 했다. 갈라디아인들에게는 "가르침을 받는[*katēchoumenos*] 자는 말씀을 가르치는 자와 모든 좋은 것을 함께 하라"(갈 6:6; *katēchounti*)라고 말했다.

21. Marzano 외, *Classroom Instruction*, 66. 주된 연구는 Newell과 Rosenbloom의 "Mechanisms of Skill Acquisition"과 Anderson의 *Learning and Memory*에서 찾을 수 있다.

것은 금방 되지 않는다. 오랜 시간을 두고 연습해야 하는 것이다"라는 말로 연구의 결론을 내린다.[22]

예배도 오랜 연습을 필요로 한다. 예전은 요람에서 무덤까지, 태어날 때부터 죽을 때까지 반복해서 들어야 하는 것이다. 큰 기쁨의 순간에, "만복의 근원이신 하나님, 온 백성 찬양드리고"라는 개신교의 송영보다 더 좋은 가사가 있을까? 큰 슬픔의 때에, "하늘에 계신 우리 아버지"라는 기도만큼 위로가 되는 것이 있을까? 의심이 들 때, "전능하신 아버지 하나님을 믿습니다."라는 말은 약해진 믿음을 강하게 하는 데 도움이 된다. 회개할 때에, 예전은 우리에게 "여호와여, 우리에게 은혜를 베푸소서. 그리스도여, 우리에게 은혜를 베푸소서. 여호와여, 우리에게 은혜를 베푸소서."라고 부르짖으라고 가르쳐준다.

어린아이들을 포함하여 온 교인을 참여시킴으로써, 예전은 우리에게 남녀노소 모두 교회에 속한 자임을 가르쳐준다. 예전에 따른 예배는 적극적으로 참여하는 예배다. 아이

---

22. Marzano, *Classroom Instruction*, 68.

들은 글을 익히기 전에도 그것을 듣고 배울 수 있으며, 나중에 글을 읽을 수 있을 때 찬송가나 주보를 직접 볼 수 있다. 예를 들면, 찬송가 가사나 주보의 글을 읽지 못하는 4살짜리 아이도, 지역 교회와 전 세계 교인들과 함께 사도신경을 외울 수 있다. 기독교는 어른들을 위한, 어른들의 종교가 아니다. 기독교는 온 교회의 종교이다.

그러면 당신의 회중에게 이 모든 것을 어떻게 적용시켜야 할까? 첫째, 우리는 **정해진 예배 형식과 정해진 예전의 응답들을 사용하는 것을 부끄러워할 필요가 없다.**[23] 정해진 형식이 성경적이라면 그것은 악하거나 양심에 거리낄 만한 것이 아니다. 정해진 형식은 실제로 불신자들에게 우리가 무엇을 믿고 그들이 무엇을 믿어야 하는지를 전달해준다. 정해진 형식은 성령을 소멸하거나 "죽은 정통"을 일으키는 것이 아니라, 오랫동안 교회 안에서 성령께서 사용해 오셨고, 성령께서 교회에게 하시는 말씀을 우리에게 전달해준

---

23. 이는 *Leading in Worship*, 17에서의 Johnson의 입장과는 대조된다. 그는 예배에서의 고정된 기도 형식과 응답은 자유로운 기도를 몰아내며 이것은 인위적이고 어려우며 개혁되지 못한 것이라고 말한다.

다. 정해진 예배 형식, 정해진 목회자의 말과 성도들의 응답은 성도들에게 유익을 줄 수 있다. 지루함과 열정의 부족은 하나님의 말씀으로 가득한 좋은 예전의 잘못이 아니라, 우리의 잘못이다. 즉 우리가 예배를 준비하지 않고, 감사하는 마음이 없고, 경건한 마음이 없기 때문이다. 사실 단지 변화를 위해 교회의 예배 순서를 바꾸는 것은 유익보다 해가 더 많다. 예를 들면, 나는 지금 목회하는 교회를 개척한 후 처음 1년 동안 거의 매주 예배 순서와 예전에서 사용하는 단어들을 바꾸려고 했었다. 결국 어린 두 딸의 아버지가 나를 찾아와 자신의 자녀들이 특정한 주일에 어떤 말을 할지 모르기 때문에 예배에 많이 참여할 수 없을 뿐만 아니라 예배 시간에 혼란스러워한다고 했다. 정해진 예배 형식을 사용하는 것은 실제로 하나님의 사람들이, 특히 어린아이들이 지식과 열정을 가지고 예배에 참여하도록 준비시켜 준다. 무슨 말을 해야 하는지 외워둠으로써, 예배에서 그 말을 할 거라는 기대가 생긴다.

둘째, 우리의 돌봄 아래 있는 **성도들에게 예전의 의미를 가르쳐줌으로써, 우리가 그 예전을 사용하는 이유를 이해할**

수 있도록 도와주어야 한다. 목사와 교사로서 우리는 설교와 교육 프로그램에서 예전의 여러 가지 측면을 강조할 필요가 있다. 우리의 신학을 예전과 결부시키는 것은 자연스럽고 필요한 일이다. 시편 51편 같은 본문에 대해 설교하고 가르칠 때만큼, 우리가 매주 예배 시간에 율법을 읽고 죄를 고백하고 용서를 받는 이유에 대해 말해주기에 적합한 때가 있겠는가? 교리문답 수업에서 마태복음 16장에 나오는 베드로의 고백에 대해 가르치는 시간은, 예배시간에 사도신경이나 니케아 신조를 암송하는 이유를 말해주기에 더없이 좋은 순간이지 않은가? 이렇게 함으로써 또한 아이들과 어른들이 성경에서 읽은 것과 교회의 교리문답을 퍼즐 조각 맞추듯이 맞춰가도록 도와줄 수 있다.

결론

반복이 기술의 어머니임을 배우는 데에는 익숙해질 시간이 필요할 것이다. 하지만 그 보상으로 어린아이와 나이 든 사람이 함께 예배하는 회중을 갖게 될 것이다. 당신의 회중이 예전을 통해 여러 해 동안 반복적으로 교회의 신학을 확실히 배운 후, 그들의 삶의 어떤 상황에서든 하나님께 적절한 말로 응답할 수 있게 될 것을 생각해보라. 또한 지금 당신의 교회에 속한 아이들, 언젠가 교회의 리더이자 또 다른 세대의 부모가 될 아이들에 대해 생각해보라. 그들은 우리의 신학을 올바르게 반영하는 예배의 패턴을 배우기에 결코 어리지 않다. 바로 지금이 그들이 우리와 함께 예배드리기 시작할 때이다.

결론

예배에 자녀들을 포함시키라는 호소

그리스도인들이 역사적으로 그들의 자녀들을 어떻게 예배에 참여시켜 왔으며 어떻게 이런 실천사항이 신구약성경에 뿌리를 두고 있는지 이해하게 되었기를 기도한다. 이제는 교회의 어린이들을 공예배에 참여시키도록 호소함으로 이 글을 마치려 한다. 어린아이들을 가족과 회중에 포함시키는 것은 의무이자 엄청난 축복이다. 앞으로 자녀를 갖게 될 사람들, 장차 그 아이들과 함께할 삶을 준비하는 이들에게 이 말을 전한다. 이미 자녀가 있는 사람들, 아마도 지금 자녀들과 함께 예배를 드리지 않는 이들에게 이 말을 전한다. 하나님께 어떻게 예배를 드리고 아이들이 은혜의 보좌 앞에서 그 놀라운 경험을 하도록 어떻게 훈련시키는 것이 최선인지 고민하고 있는 온 회중에게 이 말을 전한다. 구약과 신약성경의 예들과 일치할 뿐만 아니라, 네 가지 유익한 이유가 있으니 자녀들을 공예배에 동참시킬 것을 호소한다.

첫째, 당신의 자녀들은 어떻게든 그리스도의 몸에 속해 있으며, 공예배는 그 사실을 보여주는 주된 표현이다. 아이들이 그곳에 있게 하라. 아주 어릴 때부터 그들이 그리스도의 몸에 속해 있다는 걸 보여주라. 내가 회중을 바라볼 때, 조부모, 부모, 자녀들이 함께 그들의 주님을 예배하고, 함께 앉아 있고, 함께 설교를 듣는 모습을 보는 것이 얼마나 놀라운 일인지 말로 다 할 수가 없다. 지금 많은 아이들이 교회를 떠나고 있고, 몇 년 동안 예배에서 멀어져 있다가 대학에 들어가면 다시 돌아오지 않는 시대에 우리가 살고 있다는 것은 매우 슬픈 사실이다. 아이들이 교회를 떠나는 이유 중 하나가 소속감을 느끼지 못하고 교회에서 일어나는 일들에 대해 주인의식을 가질 수 없었기 때문이라는 사실에 슬퍼하는 많은 목사들과 부모들의 경험을 보고 들었다. 그들을 지역 교회의 온전한 삶 속으로 끌어들임으로써 그들에게 신앙의 주인의식을 심어줄 수 있을 뿐 아니라 동료 죄인들과 함께 소속될 곳을 제공해줄 수 있다.

둘째, 성령의 유아학교인 공예배의 맥락 안에서 성령께서는 참된, 구원하는 믿음을 창조하신다. 당신의 자녀들을 예배에 데려가는 것은 성령의 강한 임재 안으로 데려가는 것이다. 주로 복음 설교 사역을 통해 믿음을 창조하고 마음을 변화시키는 분은 성령이시다. "그러므로 믿음은 들음에서 나며 들음은 그리스도의 말씀으로 말미암았느니라"(롬 10:17). 이것이 문제의 핵심이다. 우리 아이들은 세상의 다른 모든 사람들과 똑같은 영적 필요를 가지고 있다. 즉, 그들은 그리스도의 보혈과 그리스도의 영으로 죄 씻음 받아야 한다. 당신의 자녀들은 거듭나야 한다. 예수님을 그들의 구주로 영접하기 위한 믿음의 선물이 필요하다. 그렇다면 성령께서 그 일을 하시는 바로 그곳으로 아이들을 데려오라. 그곳은 바로 복음이 설교되는 공예배이다(롬 10:14-17).

말씀을 듣는 것은 축복이다. 하나님의 말씀은 그분의 백성을 향한 살아 있는 음성이기 때문이다. 공예배는 하나님이 그분의 백성을 만나주시고 구원의 은혜를 주시는 보통의 수단이다. "그리스도께서 그분의 중재의 혜택을 우리에게 전달해주시는 외적 수단은 무엇인가? 그리스도께서 그분의 중재의 혜택을 그분의 교회에 전달하시는 외적인 보통의 수단은 그분의 모든 규례, 특히 말씀과 성례와 기도이다. 이 모든 것은 택함받은 자들을 구원으로 이끄는 데 효과적이다"(웨스트민스터 대요리문답 제154문). 우리의 언약의 자녀들이 "너희와 너희 자녀에게 하신 약속"(행 2:39)을 붙잡길 원한다면, 하나님이 교회의 공예배 안에서 우리를 섬겨주시는 동안 그들이 우리 옆에 우리와 함께 있어야 할 것이다.

우리 자녀들이 우리와 함께 예배드리게 할 때, 그들은 말씀을 들을 뿐만 아니라 하나님의 성령께서 일하시는 환경 안에 있게 된다. 웨스트민스터 대요리문답은 설교되는 말씀과 그것이 가져다주는 은혜에 대해 이렇게 말한다.

말씀이 어떻게 구원을 이루는 데 효과적인 것이 되는가?
성령께서 말씀을 읽는 것, 특히 설교를 효과적인 도구로 사용하셔서 죄인들을 깨우치시고 확신을 주시며 겸손케 하시고, 그들을 그들 자신으로부터 끌어내어 그리스도께 가까이 이끄시고, 그들이 그분의 형상을 닮게 하시며, 그분의 뜻에 복종하게 하시고, 유혹과 부패에 빠지지 않도록 강하게 하시며, 은혜로 그들을 세우시고, 구원에 이르는 믿음을 통하여 그들의 마음을 거룩함과 위로 가운데 굳게 세우신다(웨스트민스터 대요리문답 제155문).

성령님은 설교를 사용하셔서 죄인들을 변화시키시고("죄인들을 깨우치시고 확신을 주시며 겸손케 하시고"), 죄인들 안에 믿음을 주셔서 그들이 예수님을 붙들게 하시고("그들을 그들 자신으로부터 끌어내어 그리스도께 가까이 이끄시고"), 죄인들이 거룩함 속에서 주님의 귀한 형상을 닮아가게 하신다("그들이 그분의 형상을 닮게 하시며, 그분의 뜻에 복종하게 하시고, 유혹과 부패에 빠지지 않도록 강하게 하시며, 은혜로 그들을 세우시고, 구원에 이르는 믿음을 통하여 그들의 마음을 거룩함과 위로 가운데 굳게 세우신다").[1] 그들에게는 이 사역이 필요하며, 공예배는 이것을 경험하기에 가장 좋은 장소이다.

나는 많은 부모들이 공예배 시간에 자녀들을 위해 "연령에 맞는" 교육이 이뤄지길 바라는 이유가 그들의 깊은 사랑과 자녀들의 영적 안녕을 위한 관심 때문이라는 걸 인정한다. 이것은 모든 그리스도인 부모들이 가져야 할 사랑과 관심이며 칭찬할 만한 것이다. 또한 그 때문에 우리는 부모로서 자녀들의 영적 삶이 성장하기 위한 최적의 장소에 자녀들이 있기를 원해야 한다. 그 장소는 설교를 들을 수 있는 곳이다. 하나님은 그것이 죄인들을 믿음으로 인도하는 성령의 보통의 수단이라고 약속하시기 때문이다. 우리 아이들과 직접적인 연관이 있거나 재미있지 않으면, 아이들이 예배와 설교로부터 아무것도 얻지 못할 거라고 생각함으로써 성령님을 과소평가하지 말자. 성령님은 주권적이시고, 거부할 수 없으며, 우리의 한계들로 인해 좌절하지 않으신다(요 3:1-8). 또한 우리 자녀들을 과소평가하지 말자. 그들의 마음과 생각 속에서 성령께서 역사하고 계신다.

셋째, 예배는 이생에서 우리가 행하는 가장 중요한 것이

---

1. 하이델베르크 교리문답은 이것을 다음과 같이 말한다. "우리는 오직 믿음으로만 그리스도와 그의 모든 은혜에 참여할 수 있는데, 그렇다면 그 믿음은 어디에서 옵니까? 성령에게서 옵니다. 성령은 거룩한 복음 선포를 통하여 우리 마음속에 믿음을 불러일으키며, 성례를 통해 그 믿음을 굳세게 하십니다."(제65문).

기 때문이다. 우리의 주된 목적은 "하나님을 영화롭게 하고 그분을 영원토록 온전히 즐거워하는 것이다"(웨스트민스터 대요리문답 제1문). 자녀들이 평생 동안 매주 드리는 예배의 "누적 효과"를 생각해보라. 내가 섬기는 교회에서는 매주일 아침과 저녁에 공예배를 드린다.[2] 이것의 누적 효과를 상상해보라. 매년 52주 동안 주일마다 두 번씩 예배를 드리는 것이다. 당신이 자녀들은 아주 어린 아기 때부터 시작해서 인격 형성기와 십대 시절을 지나 만 18세에 대학교 진학을 위해 떠나기 전까지 총 1,872번 예배에 참석할 것이다.[3]

"하지만 아이들을 데리고 예배를 드리는 것은 참 어려운 일이잖아요." 그렇다. 특히 우리가 자랄 때 이것의 본을 보여주는 이가 없었다면 더 그럴 것이다. 이렇게 생각해보라. 자녀들을 아기 때부터 교회 안에서 길러, 다른 모든 것들과 마찬가지로 아이들이 그 안에서 훈련을 받게 하는 것과, 몇

---

2. 저녁 예배에 관하여는 Clark의 "Whatever Happened to the Second Service," 293–342; Sinnema의 "Second Sunday Service"를 참고하라.
3. 이 누적 효과에 대한 훌륭한 논의를 보려면 *Family Worship Book*, 3–8을 참고하라.

년 동안 아이들을 따로 떨어뜨려두다가 나중에 그들을 한 번도 참석해보지 않은 예배에 데려오는 것 중 어느 것이 더 쉽겠는가? 경험상 유아기와 성장기를 부모 옆에서 보낸 이들에 비해, 주일학교나 어린이 교회에 다닌 아이들이 공예배에 참여하기 위한 준비와 훈련이 덜 되어 있는 것을 볼 수 있다. 큰 아이들을 한 번도 경험해보지 않은 새로운 것에 적응시키는 것은 어려운 일이다. 어떤 사람이 내게 말했듯이, 어린아이는 점토와 같아서, 빨리 모양을 만들기 시작할수록 원하는 형태로 만들기가 더 쉬워진다. 오래 기다릴수록 그것은 점점 더 마르고 굳어져서 어떤 형태를 만들 수 있는 큰 잠재력을 상실하게 된다. 우리 아이들의 마음과 생각은 촉촉하고 탄성이 있는 점토와 같으므로 우리는 최대한 빨리 모양을 만들기 시작해야 한다. "마땅히 행할 길을 아이에게 가르치라 그리하면 늙어도 그것을 떠나지 아니하리라"(잠 22:6).

넷째, 어릴 때부터 자녀들을 예배에 참석시키면 그들은 믿음의 용어들에 접하게 된다. 아이들은 촉촉한 점토 같을 뿐만 아니라, 마른 스펀지와도 같아서 어마어마한 양을 흡

수할 수 있다. 이것은 그들이 예배가 지루하다고 말할 때에도 해당되는 사실이다. 많은 부모들에게 이것은 가장 큰 두려움이다. 그러나 아이들이 예배에 참석할 때 그들은 점차로 성경 낭독과 찬송과 신조와 기도에 익숙해진다. 그런 것들이 익숙해지고 기억에 남게 되면, 우리 아이들은 진심으로 말하고, 찬양하고, 암송하고, 기도할 수 있다. 우리가 부르는 노래들의 메시지가 이해가 되기 시작한다. 예배 형식이 자연스럽게 느껴지기 시작한다. 어릴 때는 대부분의 설교를 이해할 수 없지만, 경험상 아이들은 놀라운 것들을 듣고 기억한다는 걸 알 수 있다. 기도와 찬송과 설교의 내용들은 부모가 자녀들에게 신앙의 위대한 진리들을 가르칠 수 있는, 비할 데 없는 기회들을 제공해준다.

우리는 부모로서 예배가 끝난 후 아이들에게 질문을 하는 법과 설교 내용을 설명해주는 법을 배울 책임이 있다. 그렇게 함으로써 우리 아이들은 예배에 참여할 수 있는 능력이 크게 향상될 것이다. 우리 아이들이 경험하는 모든 것을 "그들의 수준에" 맞출 필요는 없다. 예를 들면, 새로운 언어를 배우기 위해 당신은 알파벳부터 단어, 문법, 구문론의 학습으로 한 단계씩 나아갈 수도 있고, 당신이 감당하기 벅찬 외국 세계에 몰입할 수도 있다. 그러나 우리의 예상과는 달리, 완전한 몰입 학습이 단연코 언어를 습득하는 가장 효과적인 방법이다.[4] 유추해보면, 우리 자녀들에게 예배라는 수단을 통해 기독교 신앙의 용어를 가르치는 것도 그와 마찬가지이다. 우리 자녀들은 예배에 참석하면서 이 새로운 언어를 배우고 사랑하게 될 것이며, 부모로서 우리는 이 일에 대한 열정을 가져야 한다.

어른들과 아이들로 구성된 교회가 예배 안에서 받는 영적 유익은 이렇게 표현할 수 있을 것이다. "이 예언의 말씀을 읽는 자와 듣는 자와 그 가운데에 기록한 것을 지키는 자는 복이 있나니 때가 가까움이라"(계 1:3). 하나님의 말씀

---

4. 예를 들어, Colin Baker는 캐나다에서 진행된 몰입 프로그램과 몰입 언어 학습자들에 대한 천 개 이상의 연구들을 설명한다. 이것들은 우리의 주제에도 적용되는 많은 중요한 요점들을 이끌어 냈다. 첫째, (5세나 6세에 시작해서) 조기 몰입교육을 받는 학생들은 처음 몇 년 동안만 읽고 쓰는 학습(읽기, 철자법, 구두법)에 있어 단일 언어를 사용하는 또래들에게 뒤처진다. 둘째, 조기 몰입교육을 받은 학생들은 11세가 되면 수동적인 능력(듣기와 읽기)에 있어 원어민 같은 능숙함을 갖게 된다. Baker, *Foundations of Bilingual Education*.

을 읽고 듣는 것에 복이 있다. 다시 말하지만, 이것은 1세기 교회의 공예배에서 일어난 일이었다. 그 당시 그리스도인들은 우리처럼 스터디 바이블이 없었다. 하지만 주일마다 읽는 성경 말씀을 들었을 것이다. "경건한 두려움으로 성경을 읽는 것…하나님께 순종하는 가운데, 지식과 믿음과 경건한 마음을 가지고 양심적으로 말씀을 듣는 것…은 모두 하나님께 대한 통상적인 예배의 일부를 구성한다"(웨스트민스터 신앙고백, 21.5). 아이들을 예배에 참석시키는 이 중요한 문제에 대한 당신의 입장과 견해를 다시 생각해보면서, 당신이 아이들을 예배에 참석시킬 뿐만 아니라 당신의 자녀들도 다음 세대를 위해 그들의 자녀들을 공예배에 참석시키게 되기를 기도한다. 우리 함께 하나님의 아들의 영원한 은혜를 경험하기를 기원한다. 하늘에 계신 우리 아버지께서는 성령의 유아학교를 통해 이 은혜를 제공해주신다.

참고 문헌

Alexander, James W. *Thoughts on Family Worship*. Edited by
   Don Kistler. Morgan, PA: Soli Deo Gloria, 1998. 제임스 W. 알
   렉산더, 《가정예배는 복의 근원입니다》(미션월드라이브러리 역간).

Anderson, J. R. *Learning and Memory: An Integrated Approach*.
   New York: Wiley, 1995.

Bacon, Richard. *Revealed to Babes: Children in the Worship of
   God*. Audubon, NJ: Old Paths, 1993.

Baker, Colin. *Foundations of Bilingual Education and
   Bilingualism*. 4th ed. Clevedon, England: Multilingual
   Matters, 2006.

Barna Research Group. "Teenagers Embrace Religion but Are
   Not Excited about Christianity." January 10, 2000. http://
   www.youth-ministry.info/articles.php5?type=2&cat=20&art_

id=38.

Bastingius, Jeremias. *An Exposition or Commentarie Upon the Catechisme of Christian Religion Which Is Taught in the Schooles and Churches. . . .* John Legatt, 1589.

Beeke, Joel R. *Bringing the Gospel to Covenant Children in Dependency on the Spirit.* Grand Rapids: Reformation Heritage, 2001. 조엘 비키, 《언약 자손으로 양육하라》(성서유니온 역간).

─────. *The Family at Church: Listening to Sermons and Attending Prayer Meetings.* Grand Rapids: Reformation Heritage, 2008.

─────. *Family Worship.* Grand Rapids: Reformation Heritage, 2005. 《가정예배》(고려서원 역간).

Best, Harold M. *Unceasing Worship: Biblical Perspectives on Worship and the Arts.* Downers Grove: InterVarsity, 2003.

Boling, Ruth. *Come Worship with Me: A Journey through the Church Year.* Louisville: Geneva Press, 2001.

Bosma, M. J. *Exposition of Reformed Doctrine.* 4th ed. Grand Rapids: Smitter, 1927.

Brown, Michael G. "A Cry for the Cry Room." *Christ United Reformed Church* blog, posted May 20, 2011. http://www.blog.christurc.org/2011/05/20/acry-for-the-cry-room.

Brueggemann, Walter. *The Creative Word: Canon as a Model for Biblical Education.* Minneapolis: Fortress, 1982.

Bullinger, Heinrich. *A Brief Exposition of the One and Eternal*

Testament or Covenant of Grace. In *Fountainhead of Federalism: Heinrich Bullinger and the Covenantal Tradition*, translated by Charles S. McCoy and J. Wayne Baker. Louisville: Westminster John Knox, 1991.

Calvin, John. *Commentaries on the Book of Joshua*. Translated by Henry Beveridge. 22 vols. Grand Rapids: Baker, 1996.

————. *Commentaries on the Four Last Books of Moses: Arranged in the Form of a Harmony*. Vols. 1–2. Translated by Charles William Bingham. Grand Rapids: Baker, 1996.

————. *A Harmony of the Gospels, Matthew, Mark, and Luke*. Vol. 2. Translated by T. H. L. Parker. Edited by David W. Torrance and Thomas F. Torrance. Grand Rapids: Eerdmans, 1972.

————. *Institutes of the Christian Religion*. Edited by John T. McNeill. Translated by Ford Lewis Battles. 2 vols. Philadelphia: Westminster, 1960.

Campbell, Iain D. *On the First Day of the Week: God, the Christian, and the Sabbath*. Leominster, England: Day One, 2009.

Castleman, Robbie. *Parenting in the Pew*. Downers Grove: InterVarsity, 1993.

Christian Reformed Church. *Psalter Hymnal*. Grand Rapids: CRC Publications, 1976.

————. *Psalter Hymnal*. Grand Rapids: CRC Publications, 1988.

Clark, Neville. "Children and Worship." In *The New Westminster Dictionary of Liturgy and Worship*, edited by J. G. Davies, 161−63. Philadelphia: Westminster, 1986.

Clark, R. Scott. "Whatever Happened to the Second Service." In *Recovering the Reformed Confession*, 293−342. Phillipsburg, NJ: Presbyterian & Reformed, 2008.

———. "Why We Memorize the Catechism." *Presbyterian Banner*, August 2003.

"Constitutions of the Holy Apostles." In *Ante-Nicene Fathers*, vol. 7, edited by Alexander Roberts and James Donaldson, revised by A. Cleveland Coxe. 1886. Reprint, Peabody, MA: Hendrickson, 2004.

Cyprian. "The Unity of the Catholic Church." In *Early Latin Theology*, edited by S. L. Greenslade, 119−42. Louisville: Westminster, 1956.

De Boer, Erik A. "'O, Ye Women, Think of Thy Innocent Children, When They Die Young!' The Canons of Dordt (First Head, Article Seventeen) between Polemic and Pastoral Theology." In *Revisiting the Synod of Dordt* (1618−1619), edited by Aza Goudriaan and Fred van Lieburg, 261−90. Leiden: Brill, 2011.

Dennison, James T., Jr. *The Market Day of the Soul: The Puritan Doctrine of the Sabbath in England 1532–1700*. 1983. Reprint, Grand Rapids: Reformation Heritage, 2008.

Geldenhuys, Norval. *The Gospel of Luke*. New International Commentary on the New Testament. Grand Rapids: Eerdmans, 1951.

Gispen, W. H. *Exodus*. Translated by Ed van der Maas. Student's Bible Commentary. Grand Rapids: Zondervan, 1982.

Hendriksen, William. *The Covenant of Grace*. Grand Rapids: Eerdmans, 1932.

Henry, Matthew. *Matthew Henry's Commentary on the Whole Bible*. Complete and unabridged in 1 vol. Peabody, MA: Hendrickson, 1991.

Hildersham, Arthur. *Dealing with Sin in Our Children*. Edited by Don Kistler. Lake Mary, FL: Soli Deo Gloria, 2004.

Horton, Michael. *God of Promise: Introducing Covenant Theology*. Grand Rapids: Baker, 2006. 마이클 호튼, 《언약신학》 (부흥과개혁사 역간).

House, Paul R. "Examining the Narrative of Old Testament Narrative: An Exploration in Biblical Theology." *Westminster Theological Journal* 67 (2005) 229 – 45.

Hyde, Daniel R. *Jesus Loves the Little Children: Why We Baptize Children*. Grandville, MI: Reformed Fellowship, 2012.

———. "The Little Parish." *Modern Reformation* 14 (2005) 20 – 24.

———. "A Primer on the Lord's Day." *Outlook* 59 (2009) 6 – 10.

———. *Welcome to a Reformed Church: A Guide for Pilgrims*. Orlando: Reformation Trust, 2010. 대니얼 하이드, 《개혁교회에

오신 것을 환영합니다》(부흥과개혁사 역간).

———. *What to Expect in Reformed Worship: A Visitor's Guide.* 2nd ed. Eugene, OR: Wipf & Stock, 2013. 대니얼 하이드, 《개혁 교회 공예배》(개혁된실천사 역간).

Johnson, Terry L. *The Family Worship Book: A Resource Book for Family Devotions.* Ross-shire, UK: Christian Focus, 1998.

———, ed. *Leading in Worship.* Oak Ridge, TN: Covenant Foundation, 1996.

Kistler, Don, ed. *Sola Scriptura! The Protestant Position on the Bible.* Morgan, PA: Soli Deo Gloria, 1995.

Koelman, Jacobus. *The Duties of Parents.* Translated by John Vriend. Edited by M. Eugene Osterhaven. Grand Rapids: Baker Academic, 2003. 야코부스 꿀만, 《네덜란드 개혁교회의 자 녀양육》(개혁된실천사 역간).

Lincoln, Andrew T. *Ephesians.* Word Biblical Commentary 42. Waco, TX: Word, 1990.

Lane, William L. *The Gospel of Mark.* New International Commentary on the New Testament. Grand Rapids: Eerdmans, 1974.

Marzano, Robert J., et al. *Classroom Instruction That Works: Research-Based Strategies for Increasing Student Achievement.* Alexandria, VA: Association for Supervision and Curriculum Development, 2001.

Muller, Richard A. *Dictionary of Latin and Greek Theological*

Terms: Drawn Principally from Protestant Scholastic Theology. Grand Rapids: Baker, 1985.

Newell, A., and P. S. Rosenbloom. "Mechanisms of Skill Acquisition and the Law of Practice." In *Cognitive Skills and Their Acquisition*, edited by J. R. Anderson, 1–55. Hillsdale, NJ: Erlbaum, 1981.

Ng, David, and Virginia Thomas. *Children in the Worshipping Community*. Atlanta: John Knox, 1981.

Orthodox Presbyterian Church. *Trinity Hymnal*. Rev. ed. Norcross, GA: Great Commission, 1990.

Poole, Matthew. *A Commentary on the Whole Bible*. Vol. 1, Genesis–Job. Peabody, MA: Hendrickson, 2008.

Power, John Carroll. *The Rise and Progress of Sunday Schools: A Biography of Robert Raikes and William Fox*. New York: Sheldon, 1863.

Pronk, Cornelis. *Expository Sermons on the Canons of Dort*. St. Thomas, Ontario: Free Reformed, 1999. 코르넬리스 프롱크, 《도르트 신조 강해》(그책의사람들 역간).

Riddlebarger, Kim. "Squirming and Noisy Children of the Promise." Christ Covenant Church (Midland, MI) website. http://www.midlandpca.org/pdfs/squirming_children.pdf.

Ridgley, Thomas. *A Body Of Divinity: Wherein the Doctrines of the Christian Religion Are Explained and Defended* . . . . 4 vols. Philadelphia: Woodward, 1815.

Ryle, J. C. *Boys and Girls Playing (and Other Addresses to Children).* Edited by Don Kistler. 1881. Reprint, Morgan, PA: Soli Deo Gloria, 1996.

Sandell, Elizabeth J. *Including Children in Worship: A Planning Guide for Congregations.* Minneapolis: Augsburg, 1991.

Sayers, Dorothy. "The Lost Tools of Learning." In *Recovering the Lost Tools of Learning: An Approach to Distinctively Christian Education,* edited by Douglas Wilson, 145 – 64. Wheaton, IL: Crossway, 1991.

Sinnema, Donald. "The Second Sunday Service in the Early Dutch Reformed Tradition." *Calvin Theological Journal* 32 (1997) 298 – 333.

Sproul, R. C. *The Consequences of Ideas: Understanding the Concepts That Shaped Our World.* Wheaton, IL: Crossway, 2000. R.C. 스프로울, 《서양 철학 이야기》(생명의말씀사 역간).

Ursinus, Zacharius. *The Commentary of Dr. Zacharius Ursinus on the Heidelberg Catechism.* Translated by G. W. Williard. 1852. Reprint, Phillipsburg, NJ: Presbyterian & Reformed, 1985.

Van Biema, David. "The New Calvinism." *Time,* March 12, 2009. http://content.time.com/time/specials/packages/article/0,28804,1884779_1884782_1884760,00.html.

Van Dyken, Donald. *Rediscovering Catechism: The Art of Equipping Covenant Children.* Phillipsburg, NJ: Presbyterian

& Reformed, 2000.

Venema, Cornelis P. "The Election and Salvation of the Children
of Believers Who Die in Infancy: A Study of Article I/17 of
the Canons of Dort." *Mid-America Journal of Theology* 17
(2006) 57 – 100.

―――. "The Lord's Supper and the 'Popish Mass': An Historical
and Theological Analysis of Question and Answer 80 of the
Heidelberg Catechism." *Mid-America Journal of Theology* 24
(2013) 31 – 72.

―――. "The Lord's Supper and the 'Popish Mass': Does Q.&A.
80 of the Heidelberg Catechism Speak the Truth?" *Outlook*
55 (2005) 17 – 22.

Walker, Jeremy. "Attendance of Children in Public Worship."
Banner of Truth website. July 11, 2002. http://banneroftruth.
org/us/resources/articles/2002/attendence-of-children-in-
public-worship.

Ward, Ruth McRoberts. *Worship Is for Kids, Too! The Why and
How of Children's Worship*. Kalamazoo, MI: Masters, 1976.

Westerhoff, John, III. *Will Our Children Have Faith?* New York:
Seabury, 1976.

Whitney, Donald S. *Family Worship: In the Bible, in History,
and in Your Home*. Shepherdsville, KY: Center for Biblical
Spirituality, 2005. 도널드 휘트니, 《오늘부터, 가정예배》(복있는사
람 역간).

Worship & Rejoice. Hymnal. Carol Stream, IL: Hope, 2001.

Young, Edward J. *The Book of Isaiah*. Vol. 3, Chapters 40 – 66. 1972. Reprint, Grand Rapids: Eerdmans, 1996.

개혁된 실천 시리즈 ——————

1. 조엘 비키의 교회에서의 가정
설교 듣기와 기도 모임의 개혁된 실천
조엘 비키 지음 | 유정희 옮김

이 책은 가정생활의 두 가지 중요한 영역에 대한 실제적 지침을 포함하고 있다. 첫째, 공예배를 위해 가족들을 어떻게 준비시켜야 하는지, 설교 말씀을 어떻게 받아야 하는지, 그 말씀을 어떻게 실천해야 하는지 설명한다. 둘째, 기도 모임이 교회의 부흥과 얼마나 관련이 깊은지 역사적으로 고찰하면서, 기도 모임의 성경적 근거를 제시하고, 그 목적을 설명하며, 나아가 바람직한 실행 방법을 설명한다.

2. 존 오웬의 그리스도인의 교제 의무
그리스도인의 교제의 개혁된 실천
존 오웬 지음 | 김태곤 옮김

이 책은 그리스도인 상호 간의 교제에 대해 청교도 신학자이자 목회자였던 존 오웬이 저술한 매우 실천적인 책으로서, 이 책에서 우리는 청교도들이 그리스도인의 교제를 얼마나 중시했는지 엿볼 수 있다. 이 책은 그리스도인의 교제에 대한 핵심 원칙들을 담고 있다. 교회 안의 그룹 성경공부에 적합하도록 각

장 뒤에는 토의할 문제들이 부가되어 있다.

3. 개혁교회의 가정 심방
가정 심방의 개혁된 실천
피터 데용 지음 | 조계광 옮김

목양은 각 멤버의 영적 상태를 개별적으로 확인하고 권면하고 돌보는 일을 포함한다. 이를 위해 교회는 역사적으로 가정 심방을 실시하였다. 이 책은 외국 개혁교회에서 꽃피웠던 가정 심방의 실제 모습을 보여주며, 한국 교회 안에서 행해지는 가정 심방의 개선점을 시사해준다.

4. 네덜란드 개혁교회의 자녀양육
자녀양육의 개혁된 실천
야코부스 꿀만 지음 | 유정희 옮김

이 책에서 우리는 17세기 네덜란드 개혁교회 배경에서 나온 자녀양육법을 살펴볼 수 있다. 경건한 17세기 목사인 야코부스 꿀만은 자녀양육과 관련된 당시의 지혜를 한데 모아서 구체적인 282개 지침으로 꾸며 놓았다. 부모들이 이 지침들을 읽고 실천하면 큰 도움을 받을 수 있게 하였다. 의도는 선하더라도 방법을 모르면 결과를 낼 수 없다. 우리 그리스도인 부모들은 구체적인 자녀양육 방법을 배우고 실천해야 한다.

5. 신규 목회자 핸드북

제이슨 헬로포울로스 지음 | 리곤 던컨 서문 | 김태곤 옮김

이 책은 새로 목회자가 된 사람을 향한 주옥같은 48가지 조언을 담고 있다. 리곤 던컨, 케빈 드영, 앨버트 몰러, 알리스테어 베그, 팀 챌리스 등이 이 책에 대해 극찬하였다. 이 책은 읽기 쉽고 매우 실천적이며 유익하다.

6. 신약 시대 신자가 왜 금식을 해야 하는가

금식의 개혁된 실천

대니얼 R. 하이드 지음 | 김태곤 옮김

금식은 과거 구약 시대에 국한된, 우리와 상관없는 실천사항인가? 신약 시대 신자가 정기적인 금식을 의무적으로 행해야 하는가? 자유롭게 금식할 수 있는가? 금식의 목적은 무엇인가? 이 책은 이런 여러 질문에 답하면서, 이 복된 실천사항을 성경대로 회복할 것을 촉구한다.

7. 개혁교회 공예배

공예배의 개혁된 실천

대니얼 R. 하이드 지음 | 이선숙 옮김

많은 신자들이 평생 수백 번, 수천 번의 공예배를 드리지만 정작 예배에 대해서 제대로 이해하지 못하는 경우가 많다. 당신은 예배가 왜 지금과 같은 구조와 순서로 되어 있는지 이해하고 예배하는가? 신앙고백은 왜 하는지, 목회자가 왜

대표로 기도하는지, 말씀은 왜 읽는지, 축도는 왜 하는지 이해하고 참여하는가? 이 책은 분량은 많지 않지만 공예배의 핵심 사항들에 대하여 알기 쉽게 알려준다.

8. 아이들이 공예배에 참석해야 하는가

아이들의 예배 참석의 개혁된 실천

대니얼 R. 하이드 지음 | 유정희 옮김

아이들만의 예배가 성경적인가? 아니면 아이들도 어른들의 공예배에 참석해야 하는가? 성경은 이에 대해 무엇을 말하는가? 아이들의 공예배 참석은 어떤 유익이 있으며 실천적인 면에서 주의할 점은 무엇인가? 이 책은 아이들의 공예배 참석 문제에 대해 성경을 토대로 돌아보게 한다.

9. 마음을 위한 하나님의 전투 계획

청교도가 실천한 성경적 묵상

데이비드 색스톤 지음 | 조엘 비키 서문 | 조계광 옮김

묵상하지 않으면 경건한 삶을 살 수 없다. 우리 시대에 일어나고 있는 일이 바로 이것이다. 오늘날은 명상에 대한 반감으로 묵상조차 거부한다. 그러면 무엇이 잘못된 명상이고 무엇이 성경적 묵상인가? 저자는 방대한 청교도 문헌을 조사하여 청교도들이 실천한 묵상을 정리하여 제시하면서, 성경적 묵상이란 무엇이고, 왜 묵상을 해야 하며, 어떻게

구체적으로 묵상을 실천하는지 알려준다. 우리는 다시금 이 필수적인 실천사항으로 돌아가야 한다.

10. 장로와 그의 사역
장로 직분의 개혁된 실천
데이비드 딕슨 지음 | 김태곤 옮김

장로는 무슨 일을 하는 사람인가? 스코틀랜드 개혁교회 장로에게서 장로의 일에 대한 조언을 듣자. 이 책은 장로의 사역에 대한 지침서인 동시에 남을 섬기는 삶의 모델을 보여주는 책이다. 이 책 안에는 비단 장로뿐만 아니라 모든 그리스도인이 본받아야 할, 섬기는 삶의 아름다운 모델이 담겨 있다. 이 책은 따뜻하고 영감을 주는 책이다.

11. 북미 개혁교단의 교회개척 매뉴얼
URCNA 교단의 공식 문서를 통해 배우는 교회개척 원리와 실천

이 책은 북미연합개혁교회(URCNA)라는 개혁 교단의 교회개척 매뉴얼로서, 교회개척의 첫 걸음부터 그 마지막 단계까지 성경의 원리에 입각한 교회개척 방법을 가르쳐준다. 모든 신자는 함께 교회를 개척하여 그리스도의 나라를 확장해야 한다.

12. 예배의 날
제4계명의 개혁된 실천
라이언 맥그로우 지음 | 조계광 옮김

제4계명은 십계명 중 하나로서 삶의 골간을 이루는 중요한 계명이다. 하나님의 뜻을 따르는 우리는 이를 모호하게 이해하고, 모호하게 실천하면 안 되며, 제대로 이해하고, 제대로 실천해야 한다. 이를 위해 우리는 이 계명의 참뜻을 신중하게 연구해야 한다. 이 책은 가장 분명한 논증을 통해 제4계명의 의미를 해석하고 밝혀준다. 하나님은 그날을 왜 제정하셨나? 그날은 얼마나 복된 날이며 무엇을 하면서 하나님의 복을 받는 날인가? 교회사에서 이 계명은 어떻게 이해되었고 어떤 학설이 있고 어느 관점이 성경적인가? 오늘날 우리는 이 계명을 어떻게 지킬 것인가?

13. 생기 넘치는 교회의 4가지 기초
교회 생활의 개혁된 실천
윌리암 뵈케슈타인, 대니얼 하이드 공저

이 책은 두 명의 개혁파 목사가 교회에 대해 저술한 책이다. 이 책은 기존의 교회성장에 관한 책들과는 궤를 달리하며, 교회의 정체성, 교회 안의 다스리는 권위 체계, 교회와 교회 간의 상호 관계, 교회의 사명 등 네 가지 영역에서 성경적 원칙이 확립되고 '질서가 잘 잡힌 교회'가 될 것을 촉구한다. 이 네 영역 중 하나라도 잘못되고 무질서하면 그만큼 교회의 삶은 혼탁해지며 교회는 약해지게 된다. 어떤 기관이든 질서가 잘 잡혀야 번성하며, 교회도 예외가 아니다.

14. 장로핸드북
모든 성도가 알아야 할 장로 직분
제랄드 벌고프, 레스터 데 코스터 공저

하나님은 복수의 장로를 통해 교회를 다스리신다. 복수의 장로가 자신의 역할을 잘 감당해야 교회 안에 하나님의 통치가 제대로 편만하게 미친다. 이 책은 그토록 중요한 장로 직분에 대한 성경의 가르침을 정리하여 제공한다. 이 책의 원칙에 의거하여 오늘날 교회 안에서 장로 후보들이 잘 양육되고 있고, 성경이 말하는 자격요건을 구비한 장로들이 성경적 원칙에 의거하여 선출되고, 장로들이 자신의 감독과 목양 책임을 잘 수행하고 있는가? 우리는 장로 직분을 바로 이해하고 새롭게 실천하여야 할 것이다. 이 책은 비단 장로만을 위한 책이 아니라 모든 성도를 위한 책이다. 성도는 장로를 선출하고 장로의 다스림에 복종하고 장로의 감독을 받고 장로를 위해 기도하고 장로의 직분 수행을 돕고 심지어 장로 직분을 사모해야 하기 때문에 장로 직분에 대한 깊은 이해가 필수적이다.

15. 집사핸드북
모든 성도가 알아야 할 집사 직분
제랄드 벌고프, 레스터 데 코스터 공저

하나님의 율법은 교회 안에서 곤핍한 자들, 외로운 자들, 정서적 필요를 가진 자들을 따뜻하고 자애롭게 돌볼 것을 명한다. 거룩한 공동체 안에 한 명도 소외된 자가 없도록 이러한 돌봄이 잘 이루어져야 한다. 이 일은 기본적으로 모든 성도가 힘써야 할 책무이지만 교회는 특별히 이 일에 책임을 지고 감당하도록 집사 직분을 세운다. 오늘날 율법의 명령이 잘 실천되어 교회 안에 사랑과 섬김의 손길이 구석구석 미치고 있는가? 우리는 집사 직분을 바로 이해하고 새롭게 실천하여야 할 것이다. 그것은 교회 공동체를 향한 하나님의 거룩한 뜻이다.

16. 건강한 교회
도날드 맥네어, 에스더 미크 공저, 브라이언 채플 서문

이 책은 미국 P&R 출판사에서 출간된 책으로서, 교회라는 주제를 다룬다. 저자는 교회를 재활성화시키는 것을 돕는 컨설팅 분야에서 일하면서, 많은 교회의 문제점을 진단하고 개선을 유도하면서 교회들을 섬겼다. 교회 생활과 사역은 침체되어 있으면 안 되며 생기가 넘쳐야 한다. 저자는 탁상공론을 하지 않는다. 이 책에서 그는 교회의 관행과 관련된 여러 가지 실제적 문제점을 진단하고, 그 개선책을 제시하면서, 생기 넘치는 교회 생활과 사역을 위한 실천적 방법을 명쾌하게 예시한다. 그 방법은 인위적이지 않으며 성경에 근거한 지혜

를 담고 있다.

17. 힘든 곳의 지역 교회
가난한 곳에 교회가 어떻게 생명을 가져다 주는가
메즈 맥코넬, 마이크 맥킨리 지음 | 김태곤 옮김

이 책은 각각 브라질, 스코틀랜드, 미국 등의 빈궁한 지역에서 지역 교회 사역을 해 오고 있는 두 명의 저자가 그들의 실제 경험을 바탕으로 쓴 책이다. 이 책은 그런 지역에 가장 필요한 사역, 가장 효과적인 사역, 장기적인 변화를 가져오는 사역이 무엇인지 가르쳐준다. 힘든 곳에 사는 사람들을 긍휼히 여기는 마음이 있다면 꼭 참고할 만한 책이다.

18. 마크 데버, 그렉 길버트의 설교
마크 데버, 그렉 길버트 지음 | 이대은 옮김

1부에서는 설교에 대한 신학을, 2부에서는 설교에 대한 실천을 담고 있고, 3부는 설교 원고의 예를 담고 있다. 이 책은 신학적으로 탄탄한 배경 위에서 설교에 대해 가장 실천적으로 코칭하는 책이다.